Schlagfertigkeit trainieren:

Wie Sie Schritt für Schritt Ihre Schlagfertigkeit trainieren, in jeder Situation wordgewandt kontern und selbstbewusst auftreten.

Nico Roder

Inhaltsverzeichnis

Vorwort 1
Für wen dieses Buch geeignet ist 2
Schlagfertigkeit trainieren - von innen geht der Weg! 4
    Mehr Schlagfertigkeit durch die richtige Ausstrahlung 5
    Lerne im „WIE" zu denken, anstatt Dir Sorgen um das „
    WAS" zu machen 7
    Der wahre Grund, warum Du noch nicht schlagfertig bist 11
    So eliminierst du limitierende Glaubenssätze 13
    Motion creates Emotion - komm in Bewegung! 19
    Der eigene Schutzschild 22
    Der eigene Schutzschild - gibst Du Dir zu wenig Wert? 25
    Schlagfertig in jeder Situation -so lässt Du Dir NICHTS
    mehr gefallen! 28
    Kann zu viel Schlagfertigkeit gefährlich sein oder einem
    schaden? 33
    Die richtige Körperhaltung 37
    Gewinner kennen das Ende schon am Anfang 38
    Warum Selbstwirksamkeit so wichtig ist, wenn man
    schlagfertig werden will 40
    Kreativ kontern - so bist und bleibst Du für immer
    schlagfertig 42

Schlagfertig für jedermann 45

Zu sich und seinen eigenen Werte stehen 46

Fake it till you make it - der beste Tipp für mehr
Schlagfertigkeit und Selbstbewusstsein 47

Mehr Schlagfertigkeit durch felsenfestes Selbstbewusstsein 49

Schlusswort **51**

Vorwort

Du kennst das bestimmt auch. Egal, ob im eigenen Freundeskreis oder auf der Arbeit. Jemand wirft Dir eine blöde Aussage gegen den Kopf und auf einmal weißt Du überhaupt nicht, wie Du reagieren sollst. Gerade, wenn man auf neue Menschen trifft, kann das ziemlich schnell der Fall sein!

Dieses Buch wird Dir genau hierbei weiterhelfen! Ich werde Dir Schritt für Schritt zeigen, wie Du Deine eigene Schlagfertigkeit trainieren kannst. Das Gute ist, dass Du direkt in Aktion treten kannst. Du wirst auch merken, dass Du von Mal zu Mal besser wirst. Es braucht nicht viel, um einfach mal anzufangen und dann herauszufinden, was für einen persönlich am besten funktioniert.

Hierbei will ich mit Dir erst mal ein Fundament aufbauen, sodass die Säulen danach stabil stehen können und Du weiterhin darauf aufbauen kannst. Die wichtigsten Skills dürfen hierbei natürlich auch nicht fehlen, die ich Dir selbstverständlich mit an die Hand geben werde.

Für wen dieses Buch geeignet ist

Wenn Du auf der Suche nach einer langfristigen und effektiven Lösung bist, ist dieses Buch genau richtig für Dich geeignet! Es wird Dir die wichtigsten Grundlagen beibringen und Dir auch Schritt für Schritt zeigen, wie Du Dich von limitierenden Glaubenssätzen loslösen kannst, die Dich davon abhalten, eine schlagfertige Person zu werden.

Das Beste ist, dass Du direkt mit der Umsetzung anfangen kannst. Hierbei geht es erst mal darum kleine Schritte zu machen, um auch eine Selbstwirksamkeit aufzubauen. Wenn Du das auf diese Art und Weise machst, kommst Du einen großen Schritt weiter und wirst auch während des Lesens schon große Erfolge erkennen können. Genau deswegen habe ich den Fokus beim Schreiben auch genau hier draufgelegt!

Wenn Du jedoch auf der Suche nach einer Wunderpille bist, ist dieses Buch eher weniger für Dich gemacht. Es wird auch keine Wunderpille geben, die Du einfach nehmen kannst und dann über Nacht zu der Person wirst, die Du Dir vorgestellt hast. Es ist viel mehr ein Prozess, den man durchschreitet. Man kann aber genau heute damit beginnen, die ersten Schritte zu gehen.

Selbstverständlich dürfen die richtigen Techniken nicht fehlen. Genau deswegen werden sie in diesem Buch auch nicht zu kurz kommen. Ich werde Dir viele verschiedene Techniken vorstellen, die Du in jeder Situation individuell auswählen kannst. Hierbei ist es von großer Wichtigkeit im „Wie" zu denken, anstatt sich die ganze Zeit darüber Sorgen zu machen, was Du als Nächstes sagen sollst.

Außerdem werde ich Dir Techniken mit an die Hand geben, mit denen Du ganz einfach Zeit sparen kannst, wenn Du einfach nicht weißt, was Du als Nächstes sagen sollst. Jeder von uns kommt mal in so eine Situation und das ist vollkommen in Ordnung. Man muss nur dazu bereit sein, die ersten Schritte zu gehen und wird dann auch bemerken, dass es gar nicht so schwer ist, schlagfertig und spontan zu reagieren. Mit diesen Worten wünsche ich Dir schon mal viel Erfolg beim Lesen und Umsetzen!

Schlagfertigkeit trainieren - von innen geht der Weg!

Jeder von uns will schlagfertiger werden. Jeder von uns will einfach die Maske absetzen und das sagen können, was einem selbst, in den eigenen Gedanken herumschwirrt. Doch was hindert uns daran und was können wir daran ändern? Es gibt sehr viele Möglichkeiten, wie man vorankommen kann und wie man seine Schlagfertigkeit trainieren kann. Selbstverständlich werde ich Dir im Verlauf dieses Buches auch viele Tools mit an die Hand geben, die Dir dabei weiterhelfen werden.

Wichtig ist jedoch am Anfang zu verstehen, dass der Weg hierbei immer von innen geht. Wenn Du ein schwaches und negatives Selbstbild von Dir selbst hast, werden Dir auch die besten Sprüche auf der Welt nicht weiterhelfen. Auch schon der bekannteste Motivationstrainer Steven. R. Covey hat immer gesagt, dass der Weg von innen nach außen geht und nicht anders herum.

Unser eigenes Selbstbild wurde in den meisten Fällen von so vielen verschiedenen äußeren Einflüssen umgeformt, sodass wir gar nicht bemerken, was wir eigentlich wollen und wie wir auch mit unserer Außenwelt umgehen wollen. Gerade, wenn es um das Thema „Schlagfertigkeit" geht, verstehen die meisten Menschen den Punkt falsch, dass es sich hierbei um einen perfekten Spruch handeln muss, den man auf Knopfdruck parat haben muss.

Die Wahrheit sieht jedoch in den meisten Fällen anders aus. Es gibt sehr viele verschiedene Faktoren, die bei der eigenen Schlagfertigkeit eine große Rolle spielen und auch dafür sorgen, dass man vor anderen Menschen schlagfertig auftreten und wirken kann. Gerade die Wirkung spielt für die meisten Menschen eine besonders große Rolle.

Schlagfertigkeit trainieren

Auch hierauf kannst Du Stück für Stück mehr Einfluss nehmen. Du musst einfach nur dazu bereit sein, an Deiner eigenen Persönlichkeit zu arbeiten, um somit eine positive und selbstbewusste Ausstrahlung aufzubauen. Auch das kann ein bisschen Zeit kosten, aber ich kann Dir versichern, dass es sich auf jeden Fall lohnen wird.

Die eigene Ausstrahlung kann man mit vielen verschiedenen Tricks und Hacks beeinflussen. Hierbei spielt die emotionale Lage eine besondere Rolle. Die emotionale Lage von einem selbst wird in diesem Fall ziemlich schnell vernachlässigt. Deine eigenen Emotionen können einen selbst, wie auch das eigene Selbstbild, ziemlich beeinflussen. Genau deswegen ist es wichtig, dass man an dieser Stelle ansetzt, um an seiner eigenen Schlagfertigkeit zu arbeiten.

Je mehr man seine eigenen Muster im Alltag beobachtet, desto besser und effektiver kann man Veränderungen vornehmen. Du wirst auch bemerken, dass es im Grunde gar nicht so schwierig ist, wenn Du ein paar Schritte beachtest, die ich Dir im Verlauf dieses Buches selbstverständlich beibringen werde. Es braucht nicht viel und Du wirst bemerken, dass Du Schritt für Schritt weiterkommen wirst. Man sollte aber auf jeden Fall den Willen, wie die Bereitschaft mitbringen, um etwas zu verändern und dann wird man auch bemerken, dass es einem persönlich besser gehen wird, und dass man viel besser und einfacher vor anderen Menschen auftreten kann. Daher werden wir im ersten Schritt auch an Deiner eigenen Ausstrahlung arbeiten, denn **Fakt ist:** Schlagfertigkeit kann jeder trainieren, wenn er dazu bereit ist!

Mehr Schlagfertigkeit durch die richtige Ausstrahlung

Du kennst diese Menschen bestimmt auch. Hierbei spielt das Geschlecht in der Regel keine große Rolle. Du bist auf einer Party oder einem bestimmten Fest und auf einmal betritt eine Person den Raum, die direkt alle Blicke für sich gewinnt. Diese Person kann innerhalb von wenigen Sekunden, durch ihre Ausstrahlung, Hunderte von Menschen für sich begeistern.

Auch, wenn das selbstverständlich nur ein erster Eindruck ist, kann dieser schon sehr viel verändern, wenn man richtig ansetzt und bei der eigenen Ausstrahlung beginnt. **Hierbei ist eine Sache sehr wichtig, zu verstehen:** Du ziehst nicht das an, was Du willst, sondern was Du bist! Umso wichtiger ist es, dass Du auch wirklich einen großen Schritt weiterkommst und dieses Prinzip verstehst.

Anziehung wird in diesem Bezug auch sehr oft falsch verstanden. Es geht nicht darum, den ganzen Tag zu Hause zu sitzen und sich vorzustellen, wie es wäre, wenn Du es endlich schaffen könntest. Selbstverständlich musst Du auch in Aktion treten! Wissenschaftler und Psychologen haben herausgefunden, dass Selbstwirksamkeit eine der wichtigsten Komponenten ist, um wirklich erfolgreich zu werden und am Ende das zu erreichen, was man sich wirklich vorgenommen hat. Umso wichtiger ist es also, dass man diesen Schritt auch geht!

Wenn wir uns eine schlagfertige und selbstbewusste Person anschauen, egal ob Mann oder Frau, haben wir in den meisten Fällen ein sehr genaues Bild von dieser Person. Es kann beispielsweise auch eine Person in unserem Bekanntenkreis sein, die uns total begeistert und dafür sorgt, dass alle Blicke auf sie gerichtet werden. Wenn Du so eine Person in Deinem Freundeskreis hast, ist es noch besser, denn genau von diesem Menschen kannst Du am besten und schnellsten lernen.

Aber auch, wenn das nicht der Fall ist, fallen uns gleich ein paar Charaktereigenschaften ein, wenn wir an eine schlagfertige Person denken. Daher ist es wichtig, dass wir an dieser Stelle ansetzen und auch genau wissen, was für uns persönlich wichtig ist und was nicht. Welche Charaktereigenschaften kommen Dir persönlich in den Kopf, wenn Du an eine schlagfertige Person denkst? Jetzt ist genau der richtige Zeitpunkt, um ein Blatt Papier und einen Stift hervorzuholen, und das aufzuschreiben, was man wirklich denkt.

An dieser Stelle ist es auch von großer Wichtigkeit mit sich selbst ehrlich zu sein. Wenn man noch nicht die Person ist, die man sein möchte, ist das vollkommen in Ordnung. Wir sind keine starren Wesen, die sich gar nicht verändern. Ganz im Gegenteil! Wir können uns immer weiterentwickeln und werden auch bemerken, dass wir aus jedem Fehler richtig und effektiv lernen können, wenn wir nur die Sichtweise verändern.

Die meisten Menschen sehen Fehler als ein Problem an. Wirklich proaktive und schlagfertige Menschen sehen Fehler, wie auch fehlerhafte Situationen, als eine Chance an, um aus ihnen zu lernen. Das gilt auch, wenn man beispielsweise in eine Situation kommt, die einem unangenehm ist und in der man sich einfach nicht wohlfühlt. Wenn Du beispielsweise in eine Situation kommst, in der Dich jemand kleinmacht und abwertet, hast Du in der Regel 2 Optionen.

Du kannst Dich emotional herunterziehen lassen, sodass Du das auch im Endeffekt ausstrahlst, oder Du entscheidest Dich dazu, diese Situation als eine Chance zu sehen. Wenn Du das auf diese Art und Weise machst, wirst Du einen großen Schritt weiterkommen und auch bemerken, dass es im Grunde gar nicht so schwer ist, schlagfertig vor anderen Menschen aufzutreten!

Lerne im „WIE" zu denken, anstatt Dir Sorgen um das „WAS" zu machen

Überlegst Du Dir manchmal auch, was Du als Nächstes denken, sagen oder tun sollst? Da uns von Kindesbeinen an gesagt wird, was wir zu tun haben, bleiben wir auch genau in diesem Denkmuster gefangen. Eines, der größten Ausmaße von so einem Denkmuster, ist beispielsweise Religion.

Ich habe mit sehr gut überlegt, ob ich dieses Thema überhaupt in diesem Buch ansprechen will. Aber da wir in einer Zeit leben, wo die Probleme mit der Islamisierung immer gefährlicher werden, ist es besser, dieses Denkmuster jetzt zu beleuchten, als erst in 20 oder 30 Jahren. Sehr religiöse Menschen, wie zum Beispiel konservative Moslems, sind viel mehr überzeugt von dem, was sie denken, anstatt sich über das Wie Gedanken zu machen. Aber nicht nur in der Religion ist dieses Muster wiederzufinden.

Auch in vielen anderen Lebensbereichen machen wir uns die ganze Zeit Gedanken, was wir zu denken haben. Ein super Beispiel hierfür ist der Verkauf. Du kennst bestimmt auch diese Coaches, die Dir erzählen wollen, dass allein ihr Programm Dich zum Erfolg bringen wird. Ich kann Dir aber versichern, dass in jedem Buch, Film oder einfachem Kurs etwas dabei sein wird, mit dem Du Dich nicht wirklich verbunden fühlst und das ist auch vollkommen in Ordnung!

Du musst auch nicht allem, was ich in diesem Buch festgehalten habe, Glauben schenken. Wenn Du immer wieder Dinge hinterfragst, bedeutet das, dass Dein Verstand gesund funktioniert und auch für sich selber denken kann. Die beste Art und Weise, um herauszufinden, ob etwas für einen gemacht ist, oder ob man lieber die Finger davon lassen sollte, ist, so viele Sachen, wie möglich auszuprobieren. Das bedeutet nicht gleich, dass man danach alles umsetzen muss. Ganz im Gegenteil! Dadurch, dass Du in viele verschiedene Bereiche hinein schnupperst und so viele verschiedene Weltsichten gesammelt hast, kannst Du im Endeffekt viel besser entscheiden, was für Dich gemacht ist und wovon Du Abstand halten willst.

Wenn Dir aber irgendjemand verkaufen will, dass nur seine Strategie die beste Art und Weise ist, um zu leben, Geld zu verdienen oder neue Frauen kennenzulernen, würde ich immer vorsichtig sein. Absolutheit hat auf unserem Planeten nun nicht mal bei solchen Angelegenheiten keinen Bestand und sollte unbedingt hinterfragt werden, um sich nicht im Endeffekt selber zu belügen. Wenn wir nämlich ehrlich zu uns selber sind, ist es doch viel einfacher, einen Kurs zu von irgendeinem „Profi" zu schlucken, und dann zu denken, dass alles gemacht ist.

Wenn Du aber wirklich im Leben vorankommen willst, wirst Du merken, dass Persönlichkeitsentwicklung eine Reise für das Leben ist.

Schlagfertigkeit trainieren

Die wahre Kunst besteht auch nicht darin, direkt alles zu meistern. Ganz im Gegenteil! Die wirklich erfolgreichen Menschen auf der Welt, wie zum Beispiel große Unternehmer, sind so oft auf die Fresse geflogen, bis sie den richtigen Weg für sich gefunden haben. Diese Einsicht selber kann manchmal schon hart genug sein, da sie bedeuten würde, dass man sich selber und seine eigenen Denkmuster hinterfragen müsste, und dazu sind die wenigsten Menschen bereit.

Deswegen ist es wichtig, immer die beiden Seiten der Medaille zu sehen. Es ist weder extrem rechts noch extrem links, was uns in der Menschheitsgeschichte glücklich und gesund gemacht hat. Doch warum ist es so wichtig für das eigene Selbstbewusstsein im Wie, statt im Was zu denken? Es ist im Grunde ziemlich einfach! Menschen werden immer versuchen, Dich und Deine Lebensweise schlechtzureden. Sie versuchen aber in den meisten Fällen nicht, mit logischen Argumenten, diese Art und Weise zu leben, zu widerlegen, sondern suchen sich lieber Argumente, warum ihre Denkweise besser ist.

Wenn Du Deine eigenen Werte und Ziele im Leben verfolgen willst, ist es nicht nur wichtig, dass Du irgendwelche Tools anwenden kannst, sondern erst mal in der Lage bist, selber herauszufinden, wie Du Dein Leben führen willst und was Du auf keinen Fall in Deinem Leben haben möchtest. Hier wären wir auch schon beim Thema „Intuition" angelangt. Uns wird ständig gesagt, dass wir logisch und mit unserem Verstand denken sollen, und in manchen Bereichen kann das auch von großem Vorteil sein.

Wenn es aber darum geht, unser eigenes Leben zu führen und selber zu bestimmen, sollten wir niemals nur daraufhören, was andere Menschen für richtig und logisch halten. Das soll nicht bedeuten, dass Du einfach so Menschen schaden sollst, weil Du Dich danach besser fühlst. Einfach so von irgendwelchen Menschen (auch, wenn sie in den Augen von anderen Menschen erfolgreich sind), Systeme und Glaubenssätze zu glauben, ist nicht nur naiv, sondern kann auch für Dein eigenes Leben extrem gefährlich sein. Deswegen solltest Du nicht nur immer danach schauen, ob die jeweilige Person auch in diesem Bereich Erfolg hat, was auch ein extrem wichtiger Faktor ist, sondern Dich auch immer noch einmal selbst danach fragen, ob es noch eine andere Seite der Medaille gibt.

Du bist Dein Limit - wie Du limitierende Glaubenssätze auflöst.

Du hast auch bestimmt schon mal den Satz „the sky is the limit", gehört. Was ist, wenn ich Dir sagen würde, dass Du Dein eigenes Limit bist? Mit jedem Gedanken, den wir denken, setzen wir uns selbst mehr oder weniger Schranken. Wir geben neuen Ereignissen beispielsweise eine Bedeutung, indem wir auf Erfahrungen aus der Vergangenheit zurückschauen. Menschen können sehr schwer damit leben, wenn Dinge passieren, die sie einfach nicht erklären können.

Psychisch gesehen, verfällt man in eine Art Ohnmacht und hat nicht mehr das Gefühl, die eigenen Dinge, wie Geschehnisse unter Kontrolle zu haben. Das ist beispielsweise auch einer der vielen psychologischen Gründe, warum Menschen religiös werden.

Wenn Du jedoch erkennst, dass Deine Gedanken nur Gedanken sind, kannst Du sie jederzeit verändern. Ich werde Dir am Ende dieses Kapitels noch eine Schritt-für-Schritt Anleitung geben, wie Du das genau machen kannst und welche Schritte Dir dabei weiterhelfen werden, Dein gesamtes Mindset positiv zu verändern.

Die Voraussetzung hierfür ist aber, dass Du verstehst, dass allein Du die Verantwortung für Dein Leben trägst. Auch, wenn wir in einer Gesellschaft leben, die sich durch seine Säkularität auszeichnet, neigt der Großteil immer noch dazu, die Verantwortung für sein psychisches, wie auch physisches Wohlbefinden in die Außenwelt abzugeben. Somit kommen sehr viele Menschen auch gar nicht darauf, große Dinge anzugehen oder den Traum ihres Lebens wahr werden zu lassen.

Stattdessen schauen wir uns lieber nachmittags irgendwelche Serien von Menschen an, um uns selbst einzureden, dass unser Leben doch gar nicht so beschissen ist. Wir suchen für unsere eigene Realität immer Beweise, ob wir wollen oder nicht. Das bedeutet aber auch gleichzeitig, dass wir Beweise für ein positives und erfülltes Leben suchen und erfinden können. Wichtig ist nur, dass wir die Bereitschaft mitbringen.

Der wahre Grund, warum Du noch nicht schlagfertig bist

Wir kennen das alle. Vielleicht beschäftigst Du Dich schon eine Weile mit dem Thema Schlagfertigkeit und fragst Dich, warum Du in manchen Situationen nicht einfach so reagieren kannst, wie Du es gerne hättest. Das ist eine sehr gute Frage, die man nicht pauschal beantworten kann. Aber wenigstens kann man nach den Mustern schauen und herausfinden, warum man in bestimmten Situationen nicht so reagiert, wie man es gerne hätte.

Im Grunde ist es ziemlich einfach. Jeder von uns hat von Kindesbeinen an bestimmte Vorstellungen vom Leben beigebracht bekommen. Diese können schlecht und gut sein. Vielleicht erinnerst Du Dich persönlich auch an eine Zeit zurück, wo Du als Kind gerne mal draußen gespielt hast, und Deine Eltern dann zu Dir meinten: „Das macht man nicht", oder: "Die anderen gucken schon". Solche Kernglaubenssätze haben sich in unserem Glaubenssystem schon tiefer verankert, als sich die meisten Menschen bewusst sind.

Gerade, wenn wir neue Dinge angehen wollen und einfach mal eine schlagfertige Antwort heraushauen wollen, überholt uns wieder mal unsere Angst und wir wissen einfach nicht, wie wir in der jeweiligen Situation reagieren können. Doch worin liegt das? Warum können wir nicht einfach das durchziehen, was wir uns vorgenommen haben? Wenn wir einen genaueren Blick auf die ganze Sache werfen und die ganze Sache aus einer anderen Perspektive betrachten, bemerken wir, dass sehr viel Angst dahinter steckt.

Wir haben Angst, zu versagen. Wir haben Angst, dass andere Menschen uns dabei zusehen können, wie wir „versagen". Hierbei haben wir in den meisten Fällen von der Gesellschaft ein ganz genaues Bild davon bekommen, was es eigentlich bedeutet, zu versagen und was es bedeutet, zu gewinnen. Genau deswegen ist es wichtig, bei sich selbst anzusetzen und herauszufinden, was einen davon abhält das zu machen, was man eigentlich machen will.

Wenn uns Aussagen von einer bestimmten Person kränken, dann besteht der erste Schritt darin, herauszufinden, warum uns diese Aussagen kränken und was wir persönlich dagegen unternehmen können. Die Wahrheit sieht nämlich so aus, dass man sehr viel dagegen unternehmen kann, wenn man auch die Bereitschaft dazu mitbringt. Ein guter Wille alleine reicht jedoch in den meisten Fällen nicht aus. In den meisten Fällen sind auch noch viele andere Glaubenssätze dahinter, die uns davon abhalten, genau das zu machen, was wir eigentlich tun wollen.

Dem Ursprung dieser Glaubenssätze auf den Grund zu gehen, ist von großer Wichtigkeit und trägt auch dazu bei, dass man weiter und weiter kommt. Das bedeutet auch, dass man sich selbst eingestehen muss, dass man von anderen Menschen, wie auch anderen Einflüssen im Leben, beeinflusst wurde. Nur so kommt man Stück für Stück weiter und kann auch in unbekannten Situationen selbstbewusst und schlagfertig reagieren.

Wenn wir ehrlich zu uns selber sind, fällt uns ziemlich schnell auf, dass es nicht die Sache an sich ist, die uns davon abhält, endlich mal schlagfertig zu sein, und das zu sagen, was in dem eigenen Kopf vor sich geht. Es ist viel mehr die Vorstellung, dass uns jemand dafür schlechtmachen könnte, für das, was wir von uns geben. Diese Angst kann man nur abbauen, wenn man Stück für Stück an ihr arbeitet, indem man ihr gegenübertritt.

Darauf zu hoffen, eines Morgens aufzuwachen und für jede Situation den perfekten Spruch parat zu haben, ist zwar eine schöne Vorstellung, aber bringt in Wirklichkeit nicht viel. Wenn man nicht dazu bereit ist, sich selbst und sein eigenes Denken zu verändern, wird man in der Regel keinen einzigen Schritt weiterkommen. Psychologen und Verhaltensforscher haben auch herausgefunden, dass es in Wirklichkeit nichts bringt, die besten Sprüche auf der Welt parat zu haben, wenn das eigene Selbstbild nicht wirklich stabil ist, und, wenn man über sich selbst auch nicht sonderlich gut denkt.

Daher sollte man im ersten Schritt immer an sich selbst und seinem eigenen Selbstbild arbeiten. Wenn man das auf diese Art und Weise macht, wird man bemerken, dass man einen großen Schritt weiterkommen wird, und auch viel einfacher vor fremden Menschen reden, und vor allem auch schlagfertig und selbstbewusst auftreten kann.

An dem eigenen Glaubenssystem zu arbeiten braucht Zeit. Man wird auch bemerken, dass nicht gleich alles so laufen wird, wie man es sich vorgestellt hat. Gerade, wenn man noch am Anfang steht und das Gefühl hat, dass das eigene Selbstbewusstsein noch nicht so hoch ist, kann es sein, dass man immer wieder in den eigenen Augen „Fehler" macht. Wenn aber etwas in einer bestimmten Situation nicht so läuft, wie man es sich vorgestellt hat, ist dies die perfekte Gelegenheit, um aus ihr zu lernen.

So eliminierst du limitierende Glaubenssätze

Der Glaube über uns selbst und somit auch unser Selbstbild kann Einiges verändern. Gerade in einer Zeit wie heute, wo sich jeder mit jedem vergleicht, kann es schnell mal passieren, dass man sich selbst in limitierenden Glaubenssätzen verfängt. Diese sorgen dafür, dass man keinen einzigen Schritt weiterkommt und auch dafür sorgt, dass man seinem Leben einfach nicht die Basis geben kann, die man eigentlich wollte.

Das Gute an der Sache ist, dass Du genau JETZT etwas verändern kannst. Limitierende Glaubenssätze werden sich nicht von heute auf morgen in Luft auflösen. Es kann Zeit und Energie kosten, aber ich kann Dir versichern, dass es morgen auf keinen Fall einfacher werden wird. Unser Gehirn ist nämlich ein Meister darin, alles zu rationalisieren.

Wenn Du heute nicht die Bereitschaft mitbringst, Deine Gedanken Stück für Stück zu verändern, wirst Du es mit sehr großer Wahrscheinlichkeit auch nicht morgen tun. Sobald nämlich unser Gehirn gewisse Ausreden gefunden hat, wird es diese immer weiter rationalisieren und für Dich logisch darstellen, bis Du es glaubst. Daher war es für mich persönlich von großer Bedeutung, dass ich dieses Buch für Dich so logisch, wie möglich, darstelle. Somit kannst Du direkt in Aktion treten und auch dafür sorgen, dass Du in Deinem Leben wirklich etwas verändern kannst.

Die 10-Schritte-Formel für positive und produktive Gedanken:

1) Die Absicht des Glaubenssatzes gegen den Glaubenssatz verwenden

Sehr oft denken wir nicht einfach so. Unser Unterbewusstsein ist an dieser Stelle schlauer als uns wahrscheinlich lieb ist. Hinter fast jedem Glaubenssatz steht eine bestimmte Absicht, ob wir wollen oder nicht. Hierbei muss es sich in den meisten Fällen nicht mal um eine bewusste Absicht handeln. Es reicht in den meisten Fällen aus, wenn alles im Unterbewusstsein stattfindet. Auch, wenn man eine bestimmte Vision hat oder Dinge in seinem Leben umsetzen will, die unserer Gesellschaft nicht gewöhnlich und normal sind, können wir uns sehr oft mit unseren eigenen Gedanken im Weg stehen. Genau deswegen ist es wichtig, diese näher zu identifizieren, um dann aktiv Einfluss auf die eigene Absicht zu nehmen.

2) Konsequenz des Beibehaltens

Eine Frage, die Du Dir immer wieder stellen kannst, wenn Du das Gefühl hast, dass Du einfach nicht von einem Gedanken loslassen kannst, ist Folgende: „Was bringt es mir beziehungsweise was verliere ich, wenn ich an diesem negativen Glaubenssatz festhalte?" Beim Reframing werde ich Dir Schritt für Schritt zeigen, wie Du einen negativen Glaubenssatz mit kleinen Veränderungen zu etwas Positivem verändern kannst. Zuerst ist es jedoch wichtig, dass man sein eigenes „Warum" kennt. Dieses kann man beispielsweise ganz einfach dadurch herausfinden, indem man sich immer wieder vor Augen führt, welche negativen Konsequenzen negative Glaubenssätze mit sich bringen. Wenn Du willst, kannst Du an dieser Stelle auch noch alles auf Papier festhalten. Auf der einen Seite hältst Du all die negativen Konsequenzen fest, die mit dem negativen Glaubenssatz herkommen und auf der anderen Seite, all die positiven Konsequenzen, die Du bald erkennen wirst, wenn Du Dich von den negativen Glaubenssätzen verabschiedest.

3) Umdefinieren

Die wahren Ursachen für seine negativen Gedanken zu kennen, ist von sehr wichtiger Bedeutung. Du wirst bemerken, dass Du damit einen sehr großen Schritt weiterkommen wirst und Dich auch viel schneller und einfach, von negativen Glaubenssätzen verabschieden kannst. Ich möchte Dir an dieser Stelle ein Beispiel machen, damit Du Dir besser vorstellen kannst, was darunter zu verstehen ist. Viele Menschen haben Angst, eine bestimmte Sache anzugehen. Sie wollen beispielsweise ihr eigenes Business starten, aber trauen sich nicht wirklich die ersten, wichtigen Schritte, zu gehen. Liegt die Ursache für diesen limitierenden Glaubenssatz nun darin, weil man sich nicht traut, die ersten Schritte zu gehen? Nein! In den meisten Fällen hat man nur Angst, dass jemand zusehen könnte, wie man „Fehler" macht oder „scheitert", der einem persönlich wichtig ist. Meistens denken wir jedoch nur auf so eine Art und Weise, weil wir ein bestimmtes Konzept von dem „Scheitern" beigebracht bekommen haben, was wir aber schnell und einfach verändern können, wenn wir die Bereitschaft dazu mitbringen.

4) Konkretisieren

Wenn wir ein Problem lösen wollen, müssen wir im ersten Schritt bestimmen, worum es sich bei diesem Problem handelt. Dieses Problem kann beispielsweise auch ein einschränkender Glaubenssatz sein. An dieser Stelle ist es nur wichtig, dass wir auch ehrlich zu uns selber sind und auch eine genaue Vorstellung von dem haben, was wir wirklich machen wollen. Du solltest Dich also in erster Linie fragen, woher Dein Glaubenssatz herkommt. An dieser Stelle ist es auch nicht unüblich, in seiner eigenen Vergangenheit zu forschen. Danach sollte man für sich feststellen, in welcher Form einem dieser Glaubenssatz einschränkt. In manchen Fällen kann es auch vorkommen, dass uns ein Glaubenssatz in eine bestimmte Richtung lenken will. Genau deswegen ist es wichtig, dies an dieser Stelle festzustellen und herauszufinden, was für einen gut funktioniert und was nicht. Es kommt aber nicht selten vor, dass uns ein Glaubenssatz auf eine bestimmte Art und Weise einschränkt. Gerade im Alltag kann es schon mal vorkommen, dass wir uns beispielsweise vollkommen energielos fühlen und auch nicht mehr die Kraft finden, bestimmte Sachen anzugehen. Das zu wissen und dann richtig zu handeln, wird uns einen sehr großen Schritt weiterbringen. Gerade, wenn der Leidensdruck einfach viel zu groß ist, bemerken wir ziemlich schnell, dass wir einfach nur weg wollen, und finden hierzu auch die nötigen Wege. Im ersten Schritt brauchen wir jedoch ein „Warum". Mit diesem Warum können wir Schritt für Schritt weiterkommen und haben auch nicht mehr so große Schwierigkeiten damit, bestimmte Sachen anzugehen und auch einfach ins Tun zu kommen.

5) Gegenbeispiel

Schon am Anfang dieses Buches habe ich erwähnt, dass wir immer wieder Beispiele für unsere Realität suchen, ob wir wollen oder nicht. Umso wichtiger ist es, dass wir auch dazu bereit sind, andere Beispiele zu suchen. Somit kommen wir selbst einen sehr großen Schritt weiter und werden auch bemerken, dass es im Grunde gar nicht so schwer ist, positive Gedanken in sein Leben zu rufen. In der Psychologie ist dieses Prinzip schon als Prinzip der Selbstwirksamkeit bekannt.

6) Prioritäten überprüfen

Je wichtiger Dir eine Sache ist, desto wahrscheinlicher ist es, dass Du genau diese Sache in Deinem Kopf behältst. Das ist in der Regel logisch. Du kennst das bestimmt auch. Du hast einen wichtigen Test und auf einmal steht dieser und nichts anderes mehr im Vordergrund. In der Regel passieren solche Sachen nicht umsonst und daher ist es wichtig, dass wir genau an dieser Stelle ansetzen und uns selbst fragen, ob dieser Gedanken wirklich so eine hohe Priorität hat, wovon wir in der Wirklichkeit immer ausgehen. Wenn wir einen genauen Blick darauf werfen, können wir ziemlich schnell erkennen, dass die meisten negativen Gedanken weder real noch nützlich sind. Genauso wenig, wie Sorgen. Sie sind viel mehr Hirngespinste. Unser Gehirn hat jedoch mit der Zeit nicht gelernt, sich wirklich umzustellen und daher kommt es auch noch immer vor, dass wir beispielsweise bei Kleinigkeiten super gestresst sind.

7) Entstehung hinterfragen

Gedanken entstehen nicht einfach so. In den meisten Fällen ist eine Ursache vorhanden, die wir näher beleuchten sollten. Was bei allen Gedanken, egal ob negativ oder positiv, auffallend ist, dass zuerst eine Emotion entsteht. In den meisten Fällen spüren wir erst mal, bevor wir denken beziehungsweise bevor ein Gedanke zustande kommt. Genau deswegen ist es wichtig, dass wir genau an dieser Stelle ansetzen. Auch Du kannst Deine Entstehung von Deinen negativen Gedanken hinterfragen. Wenn wir nämlich zurück, in unsere Vergangenheit, schauen, bemerken wir ziemlich schnell, dass uns von Kindesbeinen an bestimmte Glaubensmuster beigebracht wurden, und dass diese auch nicht aus dem Nichts entstanden sind.

8) Take an Action

Einfach zu Hause zu sitzen und zu hoffen, dass alle positiven Gedanken zu einem selbst kommen, ist ziemlich naiv. Daher ist es von Vorteil, wenn man an dieser Stelle selbst ansetzt und herausfindet, was für einen persönlich wichtig ist und was nicht. Gerade, wenn es darum geht, Beweise für die eigene Realität zu suchen, können wir unsere besten Helfer sein! Wenn Du jeden Tag die Entscheidungen triffst, die Deine eigenen Werte widerspiegeln, wirst Du einen großen Schritt weiterkommen und auch bemerken, dass es im Grunde gar nicht so schwer ist, dahin zu kommen, wo man es ursprünglich wollte.

9) Schreib es Dir auf!

Hirnforscher haben herausgefunden, dass wir uns statisch mehr merken können, wenn wir diese Dinge aufschreiben. Genau deswegen ist es wichtig, dass wir es auch tun! Wir werden bemerken, dass wir somit einen großen Schritt weiterkommen werden und auch viel schneller und einfacher das erreichen werden, was wir eigentlich wollten. Genau deswegen ist jetzt genau der richtige Zeitpunkt, um einen Stift und ein Blatt Papier herauszuholen und die ersten positiven Gedanken aufzuschreiben. Selbstverständlich werde ich Dir im Verlauf dieses Buches noch eine Schritt-für-Schritt Anleitung geben, wie Du Deine positiven Glaubenssätze richtig und korrekt aufschreiben kannst!

10) Schaffe Dir das richtige Umfeld

Stell Dir vor, Du willst abnehmen, aber Dein Haus ist voller Fast Food. Wie wahrscheinlich ist es, dass Du zuschlägst und Deine guten Vorsätze über Bord schmeißt? Ziemlich, oder? Genauso sieht es mit unseren Gedanken aus! Wenn wir uns die ganze Zeit nur mit Menschen umgeben, die negativ über sich und die ganze Welt denken, ist es viel wahrscheinlicher, dass wir selbst in so ein Denken verfallen.

Motion creates Emotion - komm in Bewegung!

Wir alle kennen diese Tage. Man hat einfach keine Lust aus dem Bett zu kommen und muss sich dann noch auf der Arbeit einen blöden Spruch anhören, und vergisst dann schon wieder die passende Antwort, obwohl man sich diese schon Hunderte Male hinter die Ohren geschrieben hat. Genau deswegen ist es wichtig, dass Du an dieser Stelle ansetzt und Dich auch um Dein physisches Wohlsein kümmerst.

Unsere Emotionen entstehen nicht einfach so. Gerade, wenn man sich schlecht fühlt und mit einem ängstlichen Gefühl durch den Tag geht, sollte man auf jeden Fall in Bewegung kommen. Studien haben nämlich gezeigt, dass man direkt in einen anderen Zustand gelangt, wenn man in Bewegung kommt.

Daher ist es wichtig, dass man regelmäßig Sport macht, um an seiner eigenen Ausstrahlung zu arbeiten. Das bedeutet nicht, dass Du jeden Tag ins Fitnessstudio rennen musst. Auf keinen Fall! Es ist natürlich wichtig, dass Du einen Sport findest, den Du wirklich gerne machst. Du kannst auch zwischen verschiedenen Sportarten variieren. Wichtig hierbei ist nur, dass Du wirklich in Bewegung kommst.

Hirnforscher und Sportwissenschaftler haben nämlich schon vor Jahren herausgefunden, dass man durch ausreichend Bewegung, direkt besser drauf ist. Das hat auch viel damit zu tun, dass beispielsweise Dopamin ausgeschüttet wird, was ein Glückshormon ist und dafür sorgt, dass wir uns selbst gleich viel besser fühlen.

Dass man aber nicht den ganzen Tag Bankdrücken kann, sollte verständlich sein. Genau deswegen ist es wichtig, dass man regelmäßig Bewegung in seinen Alltag einbaut. Gerade für Menschen, die ansonsten viel sitzen oder beispielsweise einen Bürojob haben, ist dieser Part ziemlich wichtig. Wenn wir die ganze Zeit sitzen, kann das dazu führen, dass unsere Gehirnaktivität immer mehr abnimmt. Genau deswegen ist es wichtig, dass wir an dieser Stelle ansetzen und auch wissen, was wir wollen.

Wenn wir in Bewegung kommen, kann sich unsere Gehirnaktivität bis zu 5-fach verbessern. Das ist natürlich ein sehr großer Fortschritt und führt auch dazu, dass wir in spontanen Situationen viel gelassener und effektiver reagieren können. Gerade, wenn es um unseren emotionalen Zustand geht, vergessen die meisten Menschen die Wirkung, wie den Einfluss, den wir gleichzeitig darauf nehmen können. Genau deswegen ist es wichtig, dass wir das auch an dieser Stelle machen und auch herausfinden, was für uns persönlich wichtig ist und was nicht.

Wenn Du Dich in Deinem eigenen Körper nicht wohlfühlst, wird es Dir auch persönlich viel schwerer fallen, das auszustrahlen. Da werden Dir auch die besten Sprüche auf der Welt nichts bringen. Jeder von uns kommt mal in eine Situation, wo er oder sie seine oder ihre Schlagfertigkeit unter Beweis stellen muss. Genau deswegen ist es von Vorteil, wenn man sich richtig darauf vorbereiten kann, um das Beste herauszuholen und herauszufinden, was für einen persönlich gut ist.

Die Fähigkeit zur Gegenwehr und einen gesunden Humor kann man jedoch erst entwickeln, wenn man mit sich selbst zufrieden ist und auch eine bessere Vorstellung von dem hat, was man wirklich in seinem Leben möchte. Wenn Du beispielsweise in einem Job oder einer Beziehung feststeckst, die Dich überhaupt nicht glücklich macht, ist es wichtig, dass Du Dich selbst aus dieser Situation auch herausholen kannst, und dafür sorgen kannst zu erkennen, was für Dich persönlich eine große Rolle spielt.

Wer sich schon am Anfang des Tages in einen gesunden emotionalen Zustand versetzt, wird im Endeffekt viel weiterkommen und auch dafür sorgen, dass dumme Sprüche sich nicht mehr bei einem verankern können. Unser Gehirn ist nämlich ein Meister darin, alles persönlich zu nehmen. Gerade, wenn wir ein sehr emotionaler Mensch sind, neigen wir sehr schnell dazu, einfach alles viel zu ernst zu nehmen.

Schlagfertigkeit trainieren

Dass das nicht auf Dauer gut gehen kann, sollte jedem Menschen bewusst sein.

Es gibt sehr viele Taktiken, die man anwenden kann, aber diese bringen in Wirklichkeit gar nichts, wenn man nicht dazu bereit ist, auch seinen eigenen Weg zu gehen und dafür zu sorgen, dass man Schritt für Schritt das erreichen kann, was man wirklich wollte, was in diesem Fall heißen würde, schlagfertiger zu werden. Die eigene Ausstrahlung ist in sehr vielen Fällen auch der erste Eindruck, den wir auf Menschen machen.

Psychologen haben herausgefunden, dass der erste Eindruck auf Menschen in den meisten Fällen einen größeren Einfluss auf alles haben kann, als uns in den meisten Fällen bewusst ist. Es sind meistens nur wenige Sekunden, die darüber entscheiden, was man von dieser Person hält, und ob sie einen selbstbewussten, oder eher schwachen Eindruck macht. Auch, wenn dieser Fakt für die allermeisten Menschen erst mal hart klingt, ist er dennoch die Wahrheit und genau das kann man für sich nutzen, um auf sich eine schlagfertige Persönlichkeit zu machen.

Es stimmt: Man wird nicht alle Personen und Menschen auf diesem Planeten von sich überzeugen können, und das ist auch gut so! Wer versucht, es allen recht zu machen, wird sowieso gleich verlieren. Auch fehlende Achtsamkeit im Leben kann dazu führen, dass man in spontanen Situationen nicht selbstsicher und schlagfertig auftreten kann. Genau deswegen ist es wichtig, dass man an dieser Stelle ansetzt, um herauszufinden, was für einen richtig und falsch ist.

Menschen bemerken ziemlich schnell, wenn wir uns nicht wohlfühlen. Genau deswegen ist es wichtig, dass wir uns das zunutze machen und auch erst mal in uns selbst hineinschauen. Wenn wir ehrlich zu uns selber sind, hat jeder von uns Baustellen, an denen er ansetzen kann. Die meisten von uns sind jedoch nicht bereit, sie zu sehen. Die allermeisten Menschen sind so sehr in ihrem Alltag und den damit verbundenen Aufgaben gefangen, sodass sie keinen Schritt zurücktreten können, um das Bild vom Äußeren zu sehen.

Du wirst aber bemerken, dass Du einen großen Schritt weiterkommen wirst, wenn Du bei Dir selbst ansetzt. Das bedeutet auch, dass man seine Glaubenssätze hinterfragen muss, die man von Kindesbeinen an, beigebracht bekommen hat. Nur so wird man weiterkommen und auch verstehen, dass es im Grunde gar nicht so schwierig ist, das zu machen, was man eigentlich machen wollte. Auch schon der Motivationstrainer Steven. R. Covey hat klar und deutlich gezeigt, dass es nichts bringt, wenn man seine Leiter an dem falschen Dschungel angesetzt hat.

Man wird zwar weiter steigen und immer mehr erreichen, aber nicht in dem Bereich, wo man es eigentlich wollte. Genau deswegen ist es wichtig, dass man genau hier ansetzt, um herauszufinden, was für einen persönlich wichtig ist und was nicht. In sehr vielen Fällen kann man auch hier Ursachen für seine fehlende Schlagfertigkeit heraus analysieren. Das bedeutet natürlich auch, dass man ehrlich zu sich ist.

Wenn Du beispielsweise ein Leben führst, was Du überhaupt nicht leiden kannst, bringt es Dir im Grunde gar nichts, wenn Du Dich in diesem Bereich immer wieder selbst anlügst. Auch ein Job, der überhaupt nicht zu einem passt, kann dazu führen, dass wir uns selbst in sozialen Situationen immer wieder im Weg stehen. Genau deswegen ist es wichtig, dass wir uns und unsere Handlungen immer wieder hinterfragen.

Der eigene Schutzschild

Wer einen eigenen Schutzschild besitzt, lässt auch dumme Bemerkungen einfach an sich vorbei prallen. Das bedeutet nicht, dass man nicht gekonnt reagieren kann. Es geht vielmehr darum, dass man sich im ersten Moment nicht emotional beeinflussen lässt. Wenn Dich jemand schon in den ersten Sekunden emotional treffen kann, wird es Dir im

Schlagfertigkeit trainieren

Endeffekt viel schwerer fallen, Dir eine gekonnte Antwort herauszusuchen, mit der Du diese dumme Aussage wieder umdrehen kannst.

Genau deswegen ist es wichtig, dass man immer wieder bei sich selbst anfängt. Wenn man das macht, kommt man einen großen Schritt weiter und wird auch bemerken, dass man nicht mehr so schnell in stressige Situationen verfällt. Gerade, wenn uns jemand etwas Dummes an den Kopf wirft, was uns selber betreffen könnte, neigt unser Gehirn sofort dazu, alles persönlich zu nehmen. Mit so einer Reaktion sorgt man jedoch dafür, dass man sich selbst immer mehr verletzlicher macht und auch viel mehr Sachen annimmt, die einen eigentlich gar nicht gut tun.

Außerdem wird man bemerken, dass man durch einen eigenen Schutzschild sich viel effektiver der einzelnen Methoden und Strategien bedienen kann. Den eigenen Schutzschild kann man mit der Basis von einem Haus gleichsetzen. Erst, wenn der Grundbau vorhanden ist, kann man weitermachen und wird auch bemerken, dass man einen sehr großen Schritt weiterkommen wird.

Einen festen und sicheren Schutzbild kann man jedoch nur erbauen, wenn man sich selbst und seine Werte kennt. Genau deswegen ist es wichtig, dass man zuerst bei sich selbst anfängt. Wenn Du eine Vorstellung von dem hast, was Du wirklich im Leben erreichen willst, wird es Dir persönlich auch viel einfacher fallen, genau diese Sachen zu erreichen. Selbstverständlich hat das auch sehr viel damit zu tun, wie gut man zu sich und seinen eigenen Zielen stehen kann.

Wenn wir jedoch einen Blick auf die großen Persönlichkeiten dieser Welt werfen, wird uns sehr schnell auffallen, dass genau diese Menschen für das, was sie gemacht haben, ausgelacht wurden. Sie hatten trotzdem einen Kompass und wussten, in welche Richtung und zu welchem Ziel, sie steuerten.

Das zu verstehen, kann einen persönlich ziemlich weiterbringen und Du wirst auch merken, dass Du dadurch einen sehr großen Schritt weiterkommen wirst. Wenn Du wirklich von dem überzeugt bist, was Du machst, ist es aus psychologischer Sicht ziemlich schwer für jemanden, Dich mit ein paar Sprüchen emotional herunterzuziehen. Daher sollte man immer sein „Warum" beziehungsweise seine Intention kennen. Wenn man das macht, kommt man einen sehr großen Schritt weiter und wird auch bemerken, dass sehr viel an dem persönlichen Schutzschild abprallt.

Auch zu sich ehrlich zu sein und einen anderen Weg zu gehen, wenn einem der Alte nicht mehr passt, ist ein Zeichen von Stärke. Wenn Du beispielsweise in einem Job feststeckst, der Dich von morgens bis abends unglücklich macht, ist es nur purer Selbstbetrug, sich immer wieder einzureden, dass man es irgendwann schaffen wird. Du würdest immerhin auch keine Schuhe mehr anziehen, die Dir nicht passen, oder?

Warum gehen wir dann mit unserem eigenen Leben so unachtsam um? Das, mit dem wir uns am meisten beschäftigen, wird auch automatisch unser Selbstbild prägen. Das kann ein Job, können aber auch Menschen sein. Es gibt einfach Menschen, die nicht zu einem passen und auch dafür sorgen, dass man sich selbst nicht mehr gut fühlt. An dieser Stelle kann es auch nicht schaden, wenn man einfach selbst einen Cut macht, um herauszufinden, was für einen persönlich gut funktioniert und was nicht.

Dein eigener Schutzschild wird ziemlich angreifbar, wie leicht zu durchbrechen sein, wenn Du mit Dir selbst und Deiner eigenen Lebensweise einfach nicht zufrieden bist. Du wirst es automatisch ausstrahlen und das werden Menschen um Dich herum bewusst, wie auch unbewusst, aufnehmen.

Gerade, wenn man seine eigene Schlagfertigkeit trainieren will, ist es von wichtiger Bedeutung, dass man sich mit Menschen umgibt, die einen hierbei unterstützen. Wenn Du die ganze Zeit nur Menschen um Dich herum hast, die nörgeln und alles schlechtreden, wirst Du in der

Regel auch so werden, und es wird Dir viel schwieriger fallen, die Dinge auch mal positiv zu sehen und zu verstehen, dass es im Grunde gar nicht so schwierig ist, das zu machen, was man eigentlich machen will.

Auch das eigene Umfeld kann einen immensen Einfluss auf den eigenen Schutzschild haben, was man aber auf keinen Fall unterschätzen sollte. Es kann sogar besser für beide Seiten sein, wenn man sich von Freundschaften und Beziehungen löst, die gegenseitig nichts bringen. Ansonsten kann es sein, dass man dieses negative Muster, was man von anderen Menschen übernommen hat, auch in neue Kontakte hineinbringt.

Die Wahrheit auszusprechen, braucht in den meisten Fällen nicht nur Mut, sondern auch ein stabiles Selbstbild beziehungsweise einen sicheren Schutzschild. Im Folgenden werde ich Dir zeigen, wie Du so einen Schutzschild aufbauen kannst, ohne Dich auf irgendeine Art und Weise verstellen zu müssen. Du wirst bemerken, dass Du Dich somit auch viel wohler und gelassener gegenüber anderen, und vor allem auch fremden Menschen, fühlen wirst.

Der eigene Schutzschild - gibst Du Dir zu wenig Wert?

Wir leben in einer Gesellschaft, wo wir schon von Kindesbeinen an beigebracht bekommen haben, uns zurückzuziehen. Gerade solche Sätze wie zum Beispiel: „So was macht man nicht", „lass das, wenn wir unter anderen Leuten sind", „die anderen gucken schon", oder „wann lernst Du endlich, erwachsen zu werden?", können uns mehr mitnehmen, als den meisten Menschen bewusst ist.

So eine krankhafte Sozialisation hört natürlich nicht in den Familienhäusern auf, sondern wird in weiteren Institutionen, wie zum Beispiel der Schule, an der Uni, aber auch am Arbeitsplatz, weitergetragen. Dass dadurch das eigene Selbstbild beeinträchtigt werden kann, sollte verständlich sein. Die meisten Menschen sind jedoch nicht bereit, das anzuerkennen. Sie sind so dermaßen darin gefangen, was andere Menschen von ihnen halten, sodass sie alles um sich herum ausblenden.

Wenn wir jedoch ehrlich zu uns selber sind, haben wir nicht Angst zu versagen. Wir haben in den meisten Fällen nur Angst, dass uns jemand beim „Versagen" zusieht und uns dann dafür runtermacht. Genau deswegen ist es wichtig, dass wir diese Angst an der Wurzel anpacken, denn es ist genau sie, die uns auch in unserem alltäglichen Leben beeinträchtigt und beispielsweise dafür sorgt, dass wir nicht einfach locker und selbstbewusst mit neuen Menschen umgehen können.

Sich selber Wert auszusprechen, ist nichts, wofür man sich schämen muss. Ganz im Gegenteil! Es kann sogar dafür sorgen, dass wir uns viel gekonnter und besser vor anderen Menschen präsentieren können, sodass wir nicht das Gefühl haben, uns die ganze Zeit rechtfertigen zu müssen. Ich kann Dir nämlich sagen, dass dies das schlimmste Gefühl ist, was man überhaupt haben kann.

Gerade, wenn man noch am Anfang steht, um seine eigene Schlagfertigkeit aufzubauen, wird man bemerken, dass es noch ein bisschen Zeit brauchen wird, und dass alles im Grunde nur noch schlimmer werden kann. Wenn Du nämlich anfängst, Dich selber für Dich, Deine Gedanken und auch Deine Handlungen zu rechtfertigen, gibst Du somit der anderen Seite Recht, und hast im Grunde schon verloren. Genau deswegen sollte man das so gut, wie möglich, vermeiden.

Es gibt jedoch einige sehr hilfreiche und effektive Techniken, die man anwenden kann, um sein Selbstbild, und somit seinen eigenen Schutzschild, zu stärken. Die erste Technik, die ich Dir mit an die Hand geben will, ist es, eine ehrliche Liste über seine eigenen Stärken aufzustellen. Jeder von uns hat etwas Besonderes, worauf er oder sie stolz sein kann. Wir sind im Alltag nur viel zu schüchtern, um uns das selbst einzugestehen. Deswegen ist es wichtig, dass wir an dieser Stelle weiterkommen und auch herausfinden, was für einen persönlich wichtig ist.

Schlagfertigkeit trainieren

Auch die eigenen Werte im Leben zu kennen, und danach zu leben, ist von wichtiger Bedeutung. Wenn Du die ganze Zeit nur nach den Vorstellungen von anderen Menschen lebst, hat das zur Folge, dass Du im Grunde keinen einzigen Schritt weiterkommst und Dich im Endeffekt auch noch schlechter fühlst.

Jeder von uns hat ganze bestimmte Ziele, die er oder sie verfolgen will. Psychologen und Wissenschaftler haben hierbei herausgefunden, dass es uns viel schwieriger fällt, uns auf das zu konzentrieren, was wir nicht können, anstatt unseren Fokus darauf zu setzen, was wir können. Wenn es Dir persönlich schwierig fällt, eine Liste von Deinen Stärken zu erstellen, kannst Du auch einfach Deine Freunde fragen.

Wenn Du Dir aber persönlich so eine Liste erstellst, wirst Du einen großen Schritt weiterkommen und auch bemerken, dass es im Grunde gar nicht so schwer ist, und dass Du viel mehr erreichen kannst, wenn Du eine Liste von Deinen persönlichen Stärken erstellst. Diese können natürlich von Person zu Person unterschiedlich sein. Wenn Du aber die ganze Zeit nur darüber nachdenkst, was Du nicht kannst und worin Du nicht gut bist, wirst Du Dein Gehirn genau auf das Negative konditionieren, und am Ende genau das Gegenteil von dem erreichen, was Du eigentlich wolltest.

Einen festen und stabilen Schutzschild zu haben, bedeutet nicht, allen Menschen etwas vorzuspielen. Ganz im Gegenteil! Wenn Du ein stabiles Selbstbild mit Deinen eigenen Werten hast, wirst Du einen großen Schritt weiterkommen und auch viel schneller und einfacher verstehen, dass es im Grunde gar nicht so schwer ist, vor anderen Menschen schlagfertig aufzutreten und das auszusprechen, was man wirklich im Kopf hat.

Unser inneres Auge kann negative Gedanken, wie auch das Wort „nicht" sehr schlecht, bis gar nicht, verarbeiten. Ich möchte Dir an dieser Stelle ein Beispiel machen, damit Du Dir besser vorstellen kannst, was darunter zu verstehen ist. Nehmen wir mal an, dass Du

Dir selbst das Ziel gesetzt hast vor anderen Menschen schlagfertiger aufzutreten. Nun hast Du zwei Optionen.

Du kannst Dir beispielsweise immer wieder den Satz: "Ich will nicht schüchtern sein", einreden, oder Du sagst Dir selbst: „Ich bin schlagfertig". Wenn Du Dir ein paar Minuten Zeit nimmst, um zu schauen, in welchen emotionalen Zustand Dich diese beiden Glaubenssätze bringen werden, wirst Du schon einen großen Unterschied bemerken. Genau deswegen solltest Du genau an dieser Stelle ansetzen!

Wenn Du Dir aber immer wieder den Glaubenssatz: „Ich will nicht schüchtern sein," einredest, bezweckst Du genau das Gegenteil! Dein inneres Auge kann in diesem Fall nämlich das „Nicht" gar nicht bearbeiten. Das hat im Endeffekt zur Folge, dass Dein inneres Auge folgenden Satz vor sich sieht: „Ich will schüchtern sein". Vielleicht verstehst Du auch an dieser Stelle viel besser, was damit gemeint ist, wenn ich sage, dass Du mit solchen Sätzen genau das Gegenteil bewirkst.

Gerade Glaubenssätze haben einen größeren Einfluss auf unser Leben, als sich die meisten Menschen bewusst sind. Schon von Kindesbeinen an wird uns beigebracht, was „richtig" und was „falsch" ist und das hat in den meisten Fällen auch Auswirkungen auf unsere Psyche. Techniken gibt es Tausende. Diese werde ich Dir im Verlauf auch selbstverständlich vorstellen.

Sie werden Dir aber nicht sonderlich viel bringen, wenn Du keinen Schutzschild hast, der Dich von innen heraus schützen kann. Wenn Dich jede kleine Bemerkung trifft, wirst Du keinen einzigen Schritt weiterkommen und auch dafür sorgen, dass Du nicht wirklich das erreichen kannst, was Du eigentlich wolltest.

Schlagfertig in jeder Situation -so lässt Du Dir NICHTS mehr gefallen!

Schlagfertigkeit lässt sich trainieren! Du wirst auch merken, dass Du einen großen Schritt weiterkommen wirst, wenn Du an den richtigen

Schlagfertigkeit trainieren

Ecken ansetzt. Jetzt machen wir uns daran, das Gerüst von dem Hochhaus aufzubauen. Auch das kann ein bisschen Zeit und Energie kosten. Ich kann Dir aber versichern, dass es sich auf jeden Fall lohnen wird. Am Anfang ist wichtig zu verstehen, dass keine dieser Techniken perfekt ist. Für den einen funktioniert das eine und für den anderen das andere. Das zu verstehen, ist von großer Bedeutung. Du wirst auch merken, dass Du persönlich mit so einer Einstellung viel weiterkommen wirst. Wenn Du mal bemerkst, dass die eine Technik besser funktioniert als die andere, solltest Du Dich nicht davor scheuen, sie auch auszuprobieren beziehungsweise öfter in Einsatz zu bringen.

Die Rückfragetaktik

Durch diese Taktik kannst Du Dir vor allem viel Zeit ersparen. Manchmal kommen wir in Situationen, (gerade mit neuen Menschen), in denen unser Gehirn in eine Art Schockzustand verfällt. Das hat vor allem die Ursache, weil unser Gehirn nicht gelernt hat, zwischen der heutigen Zeit und der Steinzeit zu unterscheiden. Zu mindestens jedoch sind das unsere biochemischen Prozesse. Unser Gehirn kann in sehr vielen Punkten einfach nicht unterscheiden, dass wir keine Mammute mehr haben, die uns umbringen könnten. Das ist auch beispielsweise der Grund, warum wir so schnell in Stress verfallen, obwohl der Bus oder die Bahn nur wenige Minuten zu spät kommt. Unser Gehirn hat in sehr vielen Situationen, sprichwörtlich genommen, einfach nicht gelernt, dass wir in solchen Fällen nicht sterben. In sozialen Situationen sieht die ganze Sache auch nicht sonderlich anders aus. Wenn uns beispielsweise eine fremde Person, vor allem in einer Gruppe, etwas Dummes an den Kopf wirft, hat das zur Folge, dass wir sofort in Stress verfallen. Auch hierfür liegen die Gründe in der Evolution. Wurden wir beispielsweise in der Steinzeit von unserer sozialen Gruppe ausgewiesen, bedeutete das für uns der Tod. Du siehst also, dass solche Reaktionen nicht einfach grundlos passieren. Ein Verständnis dafür zu bekommen, ist von großer Bedeutung, um im Endeffekt viel effektiver und einfacher gegen solche Vorfälle vorzugehen. Eine sehr effektive Taktik, die Du an dieser Stelle ansetzen kannst, ist die Rückfragetaktik. Denn somit kannst Du auch in stressigen Situationen viel Zeit sparen und Dir auch den Stress nehmen, ständig darüber nachdenken zu müssen, was Du als Nächstes sagen willst.

Ein Beispiel zur Veranschaulichung:

"Im Urlaub hast Du aber ganz schön zugelegt."

Deine Antwort: „Ja, das kann gut möglich sein. Wie war Dein Urlaub denn so? Anscheinend war das Essen ja nicht so gut."

Du bemerkst, dass die Aufmerksamkeit direkt in eine andere Richtung gelenkt wird. Gerade, wenn man keine große Vorstellung von dem hat, was man eigentlich sagen will, kann einem diese Technik ganz schön weiterhelfen.

Die Umkehrtaktik

Für diese Technik sollte man auf jeden Fall einen starken und stabilen Schutzschild aufgebaut haben. Es kommt nämlich nicht selten vor, dass man sich mit dieser Technik auch ganz schön viele Feinde machen kann. Darüber sollte man sich bewusst werden, damit man am Ende nicht über empörte Reaktionen enttäuscht ist, denn die Garantie ist ziemlich hoch, dass man mit dieser Taktik gewinnen wird. Ein perfektes Beispiel für diese effektive Taktik ist Winston Churchill. Dem ehemaligen Premierminister von Großbritannien wurden auch schon mal ziemlich viele dumme Sprüche an den Kopf geworfen. Bei einer Abendgesellschaft soll beispielsweise eine gewisse Lady Astor zu ihm gesagt haben:

„Wenn ich Ihre Frau wäre, würde ich Ihnen Gift in den Kaffee mischen". Darauf antwortete Churchill selbstbewusst und schlagfertig: *„Und wenn ich Ihr Mann wäre, dann würde ich ihn trinken."*

Das hat ganz schön gesessen! Aber nicht nur der ehemalige Premierminister von Großbritannien kann diese Taktik für sich anwenden. Im

Grunde kann sie jeder anwenden, der auch dazu bereit ist, ein bisschen einzustecken und auch Reaktionen hinzunehmen, die auf den ersten Blick ziemlich ungewöhnlich erscheinen. Fakt ist: So eine Antwort wird Dein Gegenüber erst mal ausschalten und auch dafür sorgen, dass diese Person nicht mehr einfach so etwas von sich geben kann.

Die Zustimmungstaktik

Wie schon am Anfang dieses Buches erwähnt, sollte man es auf jeden Fall vermeiden, sich die ganze Zeit zu rechtfertigen. Gerade, wenn man in einem Gespräch mit neuen Menschen verwickelt ist, hat das zur Folge, dass man sehr schnell in eine nicht enden wollende Diskussion hinein geraten kann. Eine einfache und sehr effektive Technik, die man an dieser Stelle anwenden kann, nennt sich die „Zustimmungstaktik". Gerade, wenn man keine Lust hat, stundenlange Diskussionen zu führen, sondern lieber eine Sache schnell und gekonnt hinter sich bringen will, kann einem diese Technik ziemlich zugute kommen. Auch Ironie und ein gesunder Sarkasmus dürfen bei dieser Technik nicht fehlen. Gerade, wenn man noch am Anfang steht und sich in der eigenen Schlagfertigkeit Stück für Stück hinein trainieren will, wird man mit so einer Vorgehensweise am besten und einfachsten vorankommen. Man wird auch bemerken, dass man sich ruhig etwas trauen kann, wenn man es richtig angeht.

Die Komplimenttaktik

Die Komplimenttaktik hat sehr viele Ähnlichkeiten mit der Zustimmungstaktik. Der Unterschied besteht nur darin, dass bei der Komplimenttaktik viel mehr Ironie und Sarkasmus vorhanden sind. Für einen Menschen, der immer alles ernst nimmt, kann es im ersten Moment ziemlich schwerfallen, sich in diese Technik hinein zu trainieren. Ich kann Dir aber versichern, dass es sich auf jeden Fall lohnen wird. Mit der Komplimenttaktik kann man erst mal der ganzen Situation die Schwere nehmen und sorgt dafür, dass man gleich viel entspannter ist. Damit Du Dir besser vorstellen kannst, was darunter zu verstehen ist, führe ich Dir selbstverständlich auch einige Beispiele zur Demonstration an. Wenn jemand eine Handlung von Dir herab wertet oder als überflüssig bezeichnet, kannst Du wie folgt reagieren:

- „Ein toller Einwurf. Darf ich ihn aufschreiben?"
- „Ich bin wirklich schwer beeindruckt."
- „Glückwunsch! Diese gewitzte Bemerkung hätte ich Dir gar nicht zugetraut."
- „Vielen Dank für Deine Unterstützung."
- „Schön gesagt. Kannst Du dies bitte wiederholen?"

Wie Du schon erkennen kannst, werden bei dieser Technik Ironie und Sarkasmus ziemlich großgeschrieben. Daher kann es ein bisschen dauern, bis man sich wirklich daran gewöhnt hat und auch einen besseren Überblick darüber bekommt, was für einen persönlich wirklich wichtig ist und was nicht. Ich würde Dir aber raten, Dich Stück für Stück an diese Technik heranzutrauen, denn es lohnt sich!

Die Ausweichtaktik

Es gibt Situationen, aus denen man einfach nur entfliehen will. Manchmal will man einfach nicht mit Menschen diskutieren und das ist auch vollkommen in Ordnung! Du musst es nicht jedem recht machen und vor allem musst Du auch nicht jedem Menschen Deine Schlagfertigkeit beweisen. Wenn Du das versuchst, hat das im Endeffekt nur zur Folge, dass Du Dich am Ende in einem Konflikt mit Dir selbst befindest. Daher kann es von Vorteil sein, wenn Du an dieser Stelle die Ausweichtaktik zur Hand hast, die ich Dir im Folgenden genauer erklären werde. Du wirst auch merken, dass diese Technik in der Regel viel besser funktionieren wird, und dass Du Dich am Ende auch nicht mehr allzu schnell rechtfertigen musst. Auch hier möchte ich Dir ein Beispiel anführen, damit Du Dir besser vorstellen kannst, was darunter zu verstehen ist. Gerade auf der Arbeit kann es schon mal vorkommen, dass man sich den einen oder anderen dummen Spruch anhören muss. Umso wichtiger ist es, dass man immer die passende Strategie zur Hand hat. Das ist auch der Grund, warum ich Dir viele verschiedene Techniken zur Hand geben will.

Beispiel:

Ihr habt ein Meeting und Du bringst eine Idee in den Raum, die Dein Kollege gar nicht so prächtig findet, und sich dann über diese lustig macht.

Deine Antwort könnte Folgende sein: *„Unsachliche Bemerkungen, wie zum Beispiel diese, bringen uns nicht wirklich weiter. Wir sind als Team alle daran interessiert, möglichst effektiv zu arbeiten und an ein passendes Ergebnis zu kommen. Daher bitte ich Dich, Dich respektvoll zu verhalten".*

Im Grunde kann man gegen Deine Aussage nicht widersprechen, denn wer würde schon offen und ehrlich zugeben, dass er es gut findet, wenn man respektlos behandelt wird? Du siehst also, dass es im Grunde ziemlich einfach ist, wenn Du es richtig machst! Daher solltest Du Dich auch genau daran halten, um weiterzukommen und am Ende das zu erreichen, was Du ursprünglich wolltest.

Kann zu viel Schlagfertigkeit gefährlich sein oder einem schaden?

Eine Frage, die immer wieder in den Raum geworfen wird, ist die, ob zu viel Schlagfertigkeit eigentlich gefährlich sein kann oder einem selbst sogar zu Schaden kommen kann? Diese Frage kann man auf den ersten Blick nicht pauschal beantworten. In den meisten Fällen kommt es auf die jeweilige Situation an. Es gibt jedoch einen großen Unterschied zwischen Respektlosigkeit und Schlagfertigkeit. Wenn Du die ganze Zeit jemanden gezielt runtermachst, kann man das nicht mehr als Schlagfertigkeit bezeichnen. Darüber sollte man sich bewusst werden, damit man eine bessere Vorstellung davon hat, was man gerade tut.

Sich ein Bewusstsein über die eigenen Handlungen zu verschaffen, kann einem im Leben sehr viel weiterhelfen. Gerade im Job kann zu viel Schlagfertigkeit einem auch schon einmal zu Schaden kommen. Daher sollte man sich sehr gut überlegen, in welchen Situationen man welche Techniken, einsetzen will. Manchmal kann es von Vorteil sein, wenn man einfach nur vom Thema ausweicht, und bei einer anderen Person ist es hilfreich, wenn man einfach nur auf ironische Art und Weise die harte Wahrheit vor Augen führt. Für welche Wahl man sich entscheidet, kann man in der Regel dadurch erleichtern, indem man sich immer wieder fragt, wen man eigentlich vor sich hat.

Im Großen und Ganzen sollte man aber niemals Angst davor haben, das auszusprechen, was man fühlt. Wenn man ein Mensch ist, der seine Gedanken schwer auf Papier bringen kann, kann es von Vorteil sein, wenn man seine Gedanken erst mal auf einem Blatt Papier ordnet. So kommt man beispielsweise auch nicht in ein unkontrolliertes Durcheinander und kann viel einfacher und schneller nach einem schlagfertigen Spruch greifen. Ich habe sehr oft in meinem eigenen Leben schon erlebt, dass ich einer Person einfach mal die Wahrheit sagen wollte, aber es dann nicht auf die Art und Weise geschafft habe, wie ich es eigentlich wollte.

Du kennst das bestimmt auch. Man will einer Person, egal, ob mit oder ohne einen schlagfertigen Spruch, die Wahrheit sagen, und was man wirklich denkt und danach fällt einem erst wieder ein, wie viel man eigentlich vergessen hat. Wenn Du selber zu einer dieser Personen gehörst, kannst Du genau an dieser Stelle ansetzen! Einen klaren Kopf zu haben und sich nicht über jede Kleinigkeit Sorgen zu machen, ist von wichtiger Bedeutung, um wirklich das zu erreichen, was man eigentlich wollte. Somit kann man einen großen Schritt weiterkommen und wird auch bemerken, dass es im Grunde gar nicht so schwer ist, das zu machen, was man wollte.

Schlagfertigkeit trainieren

Es gibt auch alternative Techniken, die man anwenden kann, wenn man aus einer Situation einfach nur entkommen will oder auch keine Lust hat, dieser Person Eines auszuwischen. Ich werde Dir die besten alternativen Techniken nun im Überblick vorstellen.

Nimm es nicht persönlich

Man sollte das, was andere Menschen zu einem sagen, niemals zu sehr an sich heranlassen. Gerade, wenn es sich hierbei um Menschen handelt, die man gar nicht kennt, sollte man sich immer wieder darüber bewusst werden, dass sich diese Menschen gar kein qualifiziertes und echtes Bild über einen machen können. Genau deswegen war es mir von Anfang an wichtig, dass wir an Deinem eigenen Schutzschild arbeiten. Wenn Menschen bemerken, dass sie immer wieder auf bestimmte Knöpfe drücken können, um Dich sauer zu machen, werden sie auch diese Knöpfe ganz bewusst nutzen. Wenn Du aber zu Dir selbst, und was Du als Person machst, stehen kannst, wirst Du sowieso bemerken, dass Dir die Meinung von Menschen und vor allem von fremden Menschen, immer unwichtiger wird.

Mache eine kurze Pause

Manchmal sagen wir Dinge, die wir gar nicht so gemeint haben, weil wir vollkommen überfordert sind. Wir wissen einfach nicht, wie wir auf diese Situation reagieren sollen, und sagen dann etwas, was wir ursprünglich gar nicht von uns geben wollten. Das kann auch schon mal auf der Arbeit passieren, was dann unschöne und unerwartete Konsequenzen mit sich tragen kann. Daher sollte man das, so gut, wie es geht, vermeiden. Es gibt hier auch einen einfachen und effektiven Trick, den Du anwenden kannst. Wenn Du selbst in eine Situation kommst, wo Dich jemand komplett auf die Palme bringt, kannst Du Dir ein paar Sekunden Zeit nehmen, um einfach mal tief Luft zu schnappen. Somit verschaffst Du Deinem Gehirn selbst die Möglichkeit, erst mal den Reiz zu verarbeiten und dann erst zu reagieren. Damit kannst Du auch beispielsweise ganz einfach aus Mustern ausbrechen, die Dich ansonsten einschränken und dafür sorgen, dass Du keinen einzigen Schritt weiter kommst. Wenn Du das Gefühl hast, dass Dich solche Gedanken beziehungsweise Verhaltensmuster die ganze Zeit stören, und Dich auch davon abhalten, das zu tun, was Du eigentlich machen willst, würde ich Dir auf jeden Fall dazu raten, einfach mal zu meditieren. Das kostet Dich nicht viel Zeit, aber hat trotzdem einen immens positiven Einfluss auf Dein Leben.

Übertreibe es einfach mal

Manche Menschen verstehen es halt nicht einfach so. Ihnen muss man immer wieder vor Augen führen, was gerade passiert und wo bei einem selbst die Grenze ist. Wenn Du das auf eine schlagfertige Art und Weise machen willst, kann es Dir persönlich ziemlich behilflich sein, wenn Du einfach mal maßlos übertreibst. Somit kommst Du einen großen Schritt weiter und zeigst Deinem Gegenüber, dass Du auch nicht alles mit Dir machen lassen willst, aber das halt auf eine ironische Art und Weise. Somit kann man die Schuldzuweisung auch ganz schnell und einfach umdrehen. Ich will Dir an dieser Stelle ein Beispiel anführen, damit Du Dir besser vorstellen kannst, was darunter zu verstehen ist. Nehmen wir an, dass Du an einem großen Projekt für einen Kunden oder für Dein Unternehmen arbeitest. Nach 4 Tagen kommt Dein Chef zu Dir und fragt Dich, warum Du erst so kleine Fortschritte gemacht hast. Du könntest jetzt in die Falle tappen und Dich selber kritisieren. Du könntest aber auch einen anderen Weg gehen und zum Beispiel darauf antworten: "Klar bin ich noch nicht fertig. Soll ich etwa einen unfertigen Schnellschuss abliefern?" Du merkst selber, dass die Situation eine ganz andere Bedeutung bekommt. Auf einmal liegt die Schuld in ganz anderen Händen und es geht an dieser Stelle auch nicht darum, einen Menschen kleinzureden, sondern viel mehr dafür zu sorgen, dass Du Dich selbst durch solche Aussagen nicht mehr angegriffen fühlst. Wenn Du das auf diese Art und Weise machst, wirst Du bemerken, dass Du einen großen Schritt weiterkommen wirst. Außerdem wirst Du feststellen, dass Dein Chef oder Kunde eine ganz andere Reaktion von sich geben wird, und darauf komplett anders reagieren wird, indem er oder sie Dir einfach recht gibt.

Einfach mal schweigen

Weißt Du, wie sich Buddha gegen äußere Angriffe gewehrt hat? Indem er einfach geschwiegen hat! Es gibt natürlich Situationen, in denen man seinen Mund einfach aufmachen muss und der Person auch ganz deutlich und offen signalisieren muss, was Sache ist. Manchmal kann es aber auch sehr hilfreich sein, wenn man einfach mal schweigt. Auch hierfür benötigt man einen starken Schutzschild, um nicht alles an sich heranzulassen. Menschen werden es nämlich nicht immer verstehen, wenn Du einfach auf so eine Aussage schweigst. Wenn Du es aber schaffst, souverän zu bleiben, wirst Du viel mehr Respekt von anderen für Dich gewinnen, als Dir im ersten Moment bewusst ist. Auch ein nettes und ruhiges Lächeln kann in den meisten Fällen viel mehr bewirken, als sich die meisten Menschen vorstellen. Gandhi hat nicht umsonst gesagt: "Be the change you want to see in the world".

Die richtige Körperhaltung

Schon in dem Kapitel „Motion creates Emotion" haben wir darüber gesprochen, dass die richtige Körperhaltung Einiges ausmachen kann. Du kennst das bestimmt auch. Diese trübe Stimmung, wenn Du in der Bahn sitzt und alle Menschen am Montagmorgen zur Arbeit fahren. Doch woran liegt das? Sicherlich ist es nicht der schönste Tag in der Woche, aber auch schon die Körperhaltung, mit der sich die Menschen fortbewegen, kann eine Menge zu der eigenen Stimmung beitragen.

Wenn alle Menschen auf der Straße nur noch zur Arbeit hin schlendern und den Kopf nach unten gesenkt haben, um bloß keine Menschen zu sehen, kann sich das ziemlich negativ auf den eigenen Gefühlszustand auswirken. Darüber sollte man sich bewusst sein, um wirklich herausfinden zu können, was für einen persönlich wichtig ist und was nicht.

Auch schon das Power-Posing, was aus den Staaten zu uns rüber geschwappt ist, hat uns gezeigt, dass man mit seinem Körper sehr wohl seine eigenen Gefühle, und somit auch Gedanken, kontrollieren kann. Hierbei kann man einen Vergleich zwischen einer offenen und einer geschlossenen Pose machen. Wenn Du Deine Arme frei ausstrecken kannst, ein Lächeln auf den Lippen hast und offen in die Welt schaust, wirst Du Dich auch komplett anders fühlen, als wenn Du Dich immer wieder zurückziehst und das Gefühl hast, dass Du Dich verstecken musst.

Unsere Gedanken, wie auch Gefühle, spiegeln sich in sehr vielen Fällen auch in unserer Körperhaltung wider. Genau deswegen sollten wir an dieser Stelle auch unbedingt ansetzen, wenn wir wirklich etwas an unserer Schlagfertigkeit verändern wollen. Du wirst bemerken, dass Du dadurch einen großen Schritt weiterkommen wirst und auch viel schneller und einfacher das erreichen wirst, was Du wirklich willst.

Power-Posen erhöhen den Testosteronspiegel um 20 %, was das Vertrauen in sich und die Welt steigert, während der Cortisolspiegel um 25 % sinkt, was für unsere Angstgefühle zuständig ist. Du siehst also, dass wir durch unseren Körper sehr wohl Vieles verändern können, wenn wir auch dazu bereit sind. Wie man seinen Körper einsetzt, liegt in der eigenen Verantwortung. Man kann mit einem heruntergenickten Kopf durch die Welt gehen, oder den Menschen ganz klar in die Augen schauen, wenn man sich mit ihnen unterhält. Du wirst bemerken, dass dies direkt einen komplett anderen Eindruck machen wird und auch dafür sorgen wird, dass Du viel respektvoller behandelt wirst.

Gewinner kennen das Ende schon am Anfang

Die meisten Menschen haben Angst, wirklich schlagfertig zu werden, weil sie dann befürchten, dass sie beispielsweise in eine Situation kommen, wo sie einfach nicht wissen, was sie machen sollen. Jeder von uns hatte schon mal ein Blackout in seinem Leben. Egal, ob bei einem Test oder in einer sozialen Situation. Wir alle hatten schon mal eine Situation, wo wir geistig komplett aufgeschmissen waren und einfach nicht mehr wussten, was wir machen sollten.

Jeder von uns ist schon mal in so eine Situation gekommen und das ist vollkommen in Ordnung. Wichtig ist nur, dass man eine Ahnung hat, wie man sich aus so einer Situation wieder herausholen kann und es ist auch nicht so schwierig, wenn man einige Sachen hierbei beachtet. Eine Technik, die man an dieser Stelle anwenden kann, um sich aus solchen Situationen wieder herauszuholen und auch nicht mehr so schnell in Stress zu verfallen, ist es, sich so eine Situation zu visualisieren.

Visualisieren kostet nicht viel Zeit und kein Geld, aber hat dennoch einen immensen Einfluss auf unser Wohlsein. Gerade, wenn man das Gefühl hat, dass man sich in fremden Situationen einfach nicht wohlfühlt, kann man diese Technik nutzen, um einfach Schritt für Schritt diese Angst von den eigenen Schultern zu nehmen. Hierbei kann man auch die

„Und dann"-Technik anwenden.

Unser Gehirn ist nämlich ein Meister darin, immer das schlimmste Szenario auszumalen. Hier können wir mit einer starken und effektiven Methode entgegenwirken. Hierbei stellst Du Dir erst mal das Worst-Case-Szenario vor. Somit kannst Du viel einfacher und schneller eine passende Antwort finden, die Dir dabei weiterhelfen wird, auch in unerwarteten Situationen gekonnt und gezielt zu handeln. Hierbei stellst Du Dir vor allem die Frage: „Und dann?" Dann kannst Du Dir eine individuelle und passende Antwort heraussuchen. Du wirst bemerken, dass Dich das um Einiges weiterbringen wird und auch dafür sorgen wird, dass Du Schritt für Schritt weiter kommst. Somit nimmst Du Dir selbst nämlich die Angst und zeigst Deinem Gehirn auch, dass es immer einen Ausweg gibt.

Es ist aber nicht nur wichtig, sich das Worst-Case-Szenario vor Augen zu führen und immer wieder zu visualisieren. Auch die verschiedenen Techniken, die ich Dir vorgestellt habe, können Dir persönlich dabei weiterhelfen, um einen großen Schritt weiterzukommen und auch viel spontaner auf gewisse Situationen zu reagieren. Auch an dieser Stelle kannst Du Dir die Angst und den Stress nehmen, wenn Du Dir die jeweiligen Situationen immer wieder als Visualisationsübung vor Augen führst.

Hierbei empfiehlt es sich, diese Übungen immer wieder kurz vor dem Schlafengehen durch den Kopf gehen zu lassen, denn dann manifestiert sich das wieder im Unterbewusstsein. Gerade, wenn man sich eine bestimmte Gewohnheit angewöhnen will, braucht es ein bisschen Zeit und funktioniert in den meisten Fällen auch nicht von heute auf morgen. Es wird ein bisschen dauern, bis Du wirklich schlagfertig bist und bis Dich auch keine Situation mehr ins Schwanken bringt. Das bedeutet aber nicht, dass es nicht besser ist, genau jetzt anzufangen. Wenn Du das auf diese Art und Weise machst, kommst Du einen großen Schritt weiter und wirst auch verstehen, dass es im Grunde nicht viel braucht, um schlagfertig zu werden.

Warum Selbstwirksamkeit so wichtig ist, wenn man schlagfertig werden will

Du kennst das bestimmt auch. Du hast Dir ein bestimmtes Ziel gesetzt, schreibst es Dir auf, und schon nach wenigen Wochen ist es wieder verschwunden. Wie kommt das? Warum gehen wir Dinge nicht an, die wir uns eigentlich vorgenommen haben? Die Psychologie hat hierzu ein paar sehr interessante Erkenntnisse gezogen. Die eigene Selbstwirksamkeit spielt eine besonders große Rolle, wenn wir genau das erreichen wollen, was wir uns vorgenommen haben.

Sich einfach ein Ziel aufzuschreiben, wie zum Beispiel: "Ich will schlagfertiger werden", ist nicht verwerflich, aber man sollte danach auch schon in Aktion treten, um im Endeffekt sein Ziel auch zu erreichen. Das gilt übrigens für fast alles, im Leben, und ist nicht nur darauf bezogen, wenn man beispielsweise mehr Schlagfertigkeit aufbauen will.

Du musst selbstwirksam werden, damit Dein Gehirn verstehen kann, dass Du auch weitermachen sollst. Das kann in sehr vielen Fällen mentale Energie kosten, aber ich kann Dir versichern, dass es sich auf jeden Fall lohnen wird. Gerade, wenn Du eine sehr schüchterne Person bist, solltest Du Dir nicht direkt vornehmen, von heute auf morgen komplett selbstbewusst und schlagfertig zu werden. Der ganze Prozess wird Zeit brauchen, aber das bedeutet noch lange nicht, dass Du nicht heute damit anfangen kannst.

Schon kleine Schritte beziehungsweise Erfahrungen reichen für Dein Gehirn aus, um von Anfang an selbstwirksam zu werden. Ein Marathon fängt auch immer klein an und verbessert sich von Mal zu Mal. Daher solltest Du auch heute mit Deinem kleinen Lauf anfangen. Von Mal zu Mal kannst Du Dich steigern und Du wirst auch merken, dass es Dir persönlich immer leichter fallen wird.

Aus der Physik ist mittlerweile auch bekannt, dass es viel leichter ist, einen Gegenstand im Rollen zu halten, als einen Gegenstand ins Rollen zu bringen, der stillsteht. Im menschlichen Leben sieht das Ganze nicht anders aus. Gerade, wenn man sich von einer schüchternen Person zu einer schlagfertigen Person verwandeln will, kann das Ganze ein bisschen Zeit mit sich bringen, aber auch Deinen Einsatz erfordern.

Nur so wirst Du auch wirklich vorankommen und Du wirst auch verstehen, dass Du selber Einfluss auf Deinen Erfolg, sowohl in Deinem Inneren als auch in sozialen Situationen, haben kannst. Das ist den meisten Menschen gar nicht bewusst. Die meisten Menschen denken einfach nur, dass sie dem ausgeliefert sind, was man ihnen vorlegt. Die Realität sieht in den meisten Fällen jedoch komplett anders aus. Man kann selbst auf sein Leben, wie auch seine Interaktionen mit anderen Menschen Einfluss nehmen.

Wichtig ist nur, dass man die Bereitschaft mitbringt, die die meisten Menschen nicht haben. Sie wollen alles sofort und wundern sich dann, warum es in manchen Situationen nicht so gut funktioniert. Die Wahrheit sieht jedoch so aus, dass Du sehr wohl auf das Einfluss nehmen kannst, was Dich umgibt und auch auf die Menschen, mit denen Du Dich umgibst. Man muss nur dazu bereit sein, die ersten Schritte zu gehen und sich auch realistische Ziele zu setzen. Somit ist es viel wahrscheinlicher, dass man auch das erreichen wird, was man sich vorgenommen hat und darauf kommt es an. Wenn man die ersten Schritte geschafft hat, werden einem auch die Nächsten viel einfacher fallen. Man muss einfach nur dafür bereit sein und wird bemerken, dass der Rest von alleine funktionieren wird.

Kreativ kontern - so bist und bleibst Du für immer schlagfertig

Es gibt einfach Situationen, aus denen man nicht herauszukommen scheint. Die Wahrheit sieht jedoch so aus, dass man im Grunde nur die richtigen Strategien kennen muss. Einige habe ich Dir schon genannt. Die folgenden Strategien, die ich Dir vorstellen werde, sind eher dafür geeignet, wenn man noch ein bisschen spielen will und sich selbst ein bisschen Freiraum lassen will, um herauszufinden, was für einen selbst in dieser Situation gerade am besten funktioniert.

Den Ball zurückspielen

Den Ball in der richtigen Situation zurückspielen zu können, ist von wichtiger Bedeutung. Es gibt einfach Situationen, wo man einfach den Ball zurückspielen und auch nicht so viel um den heißen Brei herumreden sollte. Gerade, wenn man eine Person vor sich stehen hat, die sehr schwierig ist, bringt es in der Regel nichts, die ganze Zeit herumzudiskutieren. Bei dieser Strategie geht es vor allem darum, dass man einfach den Vorwurf nimmt und dann geschickt und kreativ zu seinem Gegenüber wirft. Hierbei ist es wichtig, dass man sein Gegenüber auf keinen Fall beleidigt, denn das wird einen in der Regel nicht weiterbringen und auch nicht dafür sorgen, dass man dahin kommt, wo man es eigentlich wollte.

Rückfragen stellen

Du kennst das bestimmt auch. Du steckst in Deiner Situation fest, aus der Du ganz schnell wieder herauskommen willst. Gerade, wenn man sich ein bisschen Zeit sparen will, ist diese Strategie genial. Immer wieder, wenn Du Rückfragen stellst, kommst Du einen großen Schritt weiter, indem Du Deinem Gesprächspartner in eine gezwungene Überlegzeit versetzt, sodass Du Dir selber viel Zeit sparen kannst und am Ende noch mit einer schlagfertigen Antwort kontern kannst. Genau deswegen ist es wichtig, an dieser Stelle an sich selbst zu arbeiten und herauszufinden, was für einen persönlich funktioniert. Die gute Sache an Rückfragen ist, dass man sie im Grunde überall einsetzen kann. Es gibt keine spezielle Rückfrage, die Du einsetzen musst. Du hast so viele verschiedene Optionen, sodass Du in den meisten Fällen selber frei wählen kannst. Die Wahrheit sieht nämlich so aus, dass man seine eigene Schlagfertigkeit sehr wohl trainieren kann und das auch zu einem sehr großen Level. Gerade, wenn man noch am Anfang steht und mit seinen eigenen Sprüchen noch nicht allzu sehr geübt ist, kann man sich das Ganze zunutze machen, um sich dann in den verschiedenen Sprüchen selbst zu üben. Daher sollte man sich im ersten Moment auch nicht allzu große Sorgen machen, was man als Nächstes sagen soll, sondern erst mal in sich und seine eigenen Fähigkeiten vertrauen. So kann Dir beispielsweise die Rückfrage - "interessant, was bringt dich zu dieser Meinung?" - sehr viel Zeit sparen. Auch, wenn am Anfang noch nicht alles so läuft, wie man es sich vorgestellt hat, kann man diese Fragen an dieser Stelle perfekt in Einsatz bringen.

Positiv formulieren

Sehr oft nehmen wir Dinge zu persönlich, weil wir bestimmte Sachen damit verbinden und auf emotionaler Ebene auch nicht loslassen können. Genau deswegen ist es wichtig, dass man sich selbst auf dieser

Ebene immer wieder trainiert und seinem Gehirn auch immer wieder beibringt, dass man nicht alles persönlich nehmen soll. Wenn man das auf diese Art und Weise macht, wird man einen großen Schritt weiterkommen und auch bemerken, dass einen selbst solche Bemerkungen nicht mehr so treffen können. Im NLP gibt es eine sehr praktische Technik, die man an dieser Stelle in Einsatz bringen kann, um das Beste zu erreichen, und auch dem Satz eine komplett andere Stimmung zu geben. Durch Reframing können wir einer Situation eine komplett andere Bedeutung geben und werden auch bemerken, dass sich die Stimmung der Situation komplett verändern wird. Auch unsere Mimik spielt hierbei eine besonders große Rolle. Wenn Du die ganze Zeit nur grimmig guckst, bringt das der ganzen Situation kaum etwas und es wird Dir persönlich auch schwerer fallen, dann in der nächsten Situation auch einfach gekonnt und selbstbewusst zu reagieren. Manchmal kann schon ein kleines Lächeln sehr viel bewirken!

Absichtlich falsch verstehen

Die Absicht, mit der wir gewisse Sachen verstehen, kann ganz schön viel verändern. Wenn wir etwas an dieser Absicht verändern, ebenfalls! Gerade andere Menschen bemerken ziemlich schnell, was für eine Absicht wir haben, und genau deswegen ist es wichtig, dass wir an dieser Stelle ansetzen. Schlagfertigkeit kann jeder von uns trainieren, wenn er oder sie an der richtigen Stelle ansetzt. Hierfür sollte man auch eine gesunde Portion Humor mitnehmen, denn wenn man das macht, wird man bemerken, dass man Schritt für Schritt weiterkommen wird und auch viel leichter und einfacher das erreichen wird, was man sich vorgestellt hat. Mit Sätzen, wie zum Beispiel: „Nun bleiben Sie mal auf dem Teppich", kannst Du den Ball so gut wie jeder Situation zurückspielen. Du wirst auch merken, dass es wirklich nicht so viel brauchen wird, um weiterzukommen und das zu erreichen, was man sich vorgenommen hat.

Schlagfertig für jedermann

Wir leben in einer Gesellschaft, wo wir die ganze Zeit nur beigebracht bekommen haben, das zu machen, was andere Menschen von uns wollten und verlangt haben. Daran kann das eigene Selbstbewusstsein ganz schön ins Schwanken kommen, wenn man die ganze Zeit nur gesagt bekommen hat, auf welche Art und Weise man zu denken und zu handeln hat.

Jeder Mensch hat ganz bestimmte Qualitäten und kann diese auch gekonnt zum Vorschein bringen. Man wird nicht zur schlagfertigen Persönlichkeit, indem man beginnt, andere Menschen um sich herum klein und schlecht zu reden. Leider neigen sehr viele Leute dazu! Wenn man jedoch wirklich vorankommen will, sollte man dafür sorgen, dass man erst mal bei sich anfängt und auch bei sich ansetzt, um herauszufinden, welche inneren Glaubenssätze einem davon abhalten, das zu machen, was man sich wirklich vorgenommen hat!

Auch die Erziehung spielt hierbei eine besonders große Rolle. Schon von Kindesbeinen an wird uns beigebracht, dass wir uns eher zurückhalten sollen und auch nicht vor anderen Menschen unsere Meinung äußern sollen, wenn es nicht angebracht ist. So eine Erziehungsart kann natürlich im weiteren Verlauf dazu führen, dass wir uns auch als erwachsene Person nicht mehr trauen, zu uns und vor allem auch zu unseren individuellen Werten, zu stehen!

Auch mangelndes Selbstbewusstsein kann die Ursache dafür sein, dass man sich als Mensch bestimmte Sachen nicht zumutet und sich eher zurückhält. Auch in Gruppengesprächen, wo beide Geschlechter vertreten sind, kommt es nicht selten vor, dass sich Frauen eher zurückhalten und eher ruhig bleiben. Schüchternheit und Scham ist bei Frauen viel öfter vorhanden, als bei Männern.

Selbstverständlich kann man das an dieser Stelle nicht verallgemeinern. Die Praxis hat jedoch gezeigt, dass vor allem so eine Erziehungsweise dazu führen kann, dass man sich im Verlauf seines Lebens weniger traut, selbstbewusst und schlagfertig auf neue Menschen zuzugehen. Auch die eigene Identität, die man sich mit der Zeit immer mehr aneignet, kann dazu führen, dass man sich auf eine gewisse Art und Weise gegenüber bekannten, wie auch neuen Menschen verhält.

Auch hier kann man ein bestimmtes Glaubenskonstrukt erkennen, was dazu führt, dass man sich bestimmte Sachen als Frau einfach nicht traut und eher ruhig bleibt. Die gute Nachricht ist jedoch, dass man genau an diesen Glaubenssätzen ansetzen kann und noch mehr aus sich herausholen kann. Glaubenssätze kann man immer verändern, wenn man auch die Bereitschaft dazu mitbringt. Gerade bei Frauen kann die Identitätssuche ein bisschen mehr Zeit und Energie in Anspruch nehmen, da einem schon von Kindesbeinen an bestimmte Konstrukte vorgelegt wurden, die aber nicht dem entsprechen, was man sein möchte.

Darüber sollte man sich bewusst werden, um Stück für Stück das Beste zu machen und auch das Beste heraus zu holen. Auch negative Glaubenssätze lassen sich ziemlich effektiv und schnell verändern, wenn man die Bereitschaft dazu mitbringt. Daher sollte man den Blick auch immer wieder auf sich zurückwerfen, um nach den Ursachen zu forschen.

Zu sich und seinen eigenen Werte stehen

Jeder von uns hat bestimmte Werte im Leben. Es sind Werte, die uns persönlich wichtig sind und die dazu beitragen sollen, dass man sein Leben nach seinen eigenen Vorstellungen leben kann und nicht einfach gelebt wird. Gerade bei Frauen wird in der Erziehung dieses Denken sehr oft und schnell abtrainiert.

Die Frage, die man sich an dieser Stelle stellen muss: Kann ich in fremden Situationen mit unbekannten Menschen authentisch und selbstbewusst kommunizieren, wenn ich nicht mal mit meinem eigenen Leben zufrieden bin?

Die Antwort können sich die Meisten an dieser Stelle schon denken. Genau deswegen war es mir persönlich auch wichtig, dass ich dieses Buch von innen heraus beginne. Somit hat man eine solide Basis, auf der man effektiv und schnell aufbauen kann. Auch als Frau ist es wichtig, dass man zu sich und seinen eigenen Werten im Leben stehen kann.

Viele Frauen haben an dieser Stelle Angst, dass sie aus ihrer Weiblichkeit herausfallen. Ich werde auf dieses Thema genauer im nächsten Kapitel eingehen. Wichtig ist an dieser Stelle zu verstehen, ist, dass man alles mit einer gewissen weiblichen Energie und Schlagfertigkeit durchführen kann. Es kommt in den meisten Fällen nur darauf an, wie man diese Sache angeht und was man dabei noch beachtet.

Eine gute Übung, die man an dieser Stelle anwenden kann, um herauszufinden, für was man wirklich stehen will, ist es, sich am Ende seines Lebens vorzustellen und sich dann selbst zu fragen, auf was man zurückblicken will. Vielen Menschen fällt an dieser Stelle auf, dass es gar nicht mehr auf diese eine Uhr ankommt oder bestimmte Ohrringe, sondern einfach nur bestimmte Werte, die einem persönlich wichtig sind.

Wenn man das einmal verstanden hat, wird man einen großen Schritt weiterkommen und auch verstehen, dass man sehr wohl an sich selbst arbeiten kann, um dann auch nach außen selbstbewusst und stark zu wirken.

Fake it till you make it - der beste Tipp für mehr Schlagfertigkeit und Selbstbewusstsein

Wir haben schon am Anfang dieses Buches das Prinzip der Selbstwirksamkeit angesprochen. Psychologen haben herausgefunden, dass es für unser Gehirn extrem wichtig ist, dass wir in Aktion treten und über eine Sache reden oder nachdenken, die wir uns vorgenommen haben. Somit kommen wir einen großen Schritt weiter und sorgen auch dafür, dass wir viel schneller und einfacher das erreichen können, was wir wollen.

Ganz nach dem Motto der Amerikaner: „Fake it till you make it". Die meisten Menschen denken, dass sie erst mal jemand werden müssen, bis sie wirklich schlagfertig werden können. Die Wahrheit sieht jedoch so aus, dass wir genau jetzt auch Einfluss darauf nehmen können und auch dafür sorgen können, dass wir Schritt für Schritt weiterkommen. Wir müssen es uns einfach selbst beweisen!

Gerade für Frauen ist dieser Tipp perfekt! Verhaltensforscher haben nämlich herausgefunden, dass man sich automatisch besser fühlt und somit auch selbstbewusster und schlagfertiger auf Menschen zugehen kann, wenn man sich die Klamotten aussucht, die am besten für einen geeignet sind.

Daher ist mein Tipp an Dich: Setze bei Deinem Äußeren Wert auf Qualität und nicht auf Quantität. Wenn Du das auf diese Art und Weise machst, wirst Du bemerken, dass Du einen großen Schritt weiterkommen wirst. Man muss nicht reich sein, um schöne Klamotten zu kaufen. Es kommt in den meisten Fällen viel mehr darauf an, für was man sein Geld ausgibt. Man kann sich auch entscheiden, jeden Tag bei McDonalds zu essen, oder lieber 2 Mal die Woche in einem Biorestaurant. Die Entscheidung liegt an dieser Stelle vollkommen bei einem selbst!

Aber auch Männer können von diesem Tipp profitieren. Auch, wenn man sagt, dass es immer nur auf die inneren Werte ankommt, kann man sein Äußeres sehr wohl dafür nutzen, um mehr herauszuholen und auch dafür zu sorgen, dass man beispielsweise vor anderen Menschen direkt eine komplett andere und bessere Ausstrahlung hat.

Genau deswegen sollte man Wert darauf legen, dass man sich wohlfühlt und somit auch auf sich und sein Äußeres stolz sein kann. Das soll auf keinen Fall bedeuten, dass ein bestimmter Klamottenstil schlecht ist. Es kommt viel mehr darauf an, dass man sich dafür entscheidet, was man selber mag und nicht für das, was einem vorgeschrieben wird.

Wenn Du Deine Klamottenwahl auf diese Art und Weise machst, wirst Du bemerken, dass Du einen großen Schritt weiterkommen wirst und auch viel schneller und einfacher vor anderen Menschen selbstbewusster auftreten kannst.

Es geht also nicht darum, dass man sich die Klamotten aussucht, die gerade in Mode sind. Damit würde man sich selbst nur belügen und dafür sorgen, dass das eigene Selbstbild, und somit auch der eigene Schutzschild, immer schwächer wird. Es kommt viel mehr darauf an, dass man sich genau für die Klamotten entscheidet, in denen man sich wohl und attraktiv fühlt.

Doch was macht man, wenn man einfach das Gefühl hat, dass man nicht schlagfertig sein kann? Welche Schritte sollte man hierfür unternehmen, und was ist für einen selbst wirklich sinnvoll? Es gibt natürlich viele verschiedene Strategien, die man anwenden kann, aber die Praxis hat gezeigt, dass man mit dem Motto „Fake it till you make it" Einiges erreichen kann und auch dafür sorgt, dass man Schritt für Schritt mehr Selbstbewusstsein aufbaut.

Auch schon kleine Veränderungen können dafür sorgen, dass man sich besser fühlt und somit Schritt für Schritt das werden kann, was man sich auch vorgenommen hat. Wenn man nämlich selbstwirksam wird, wird man automatisch mehr erreichen und auch bemerken, dass es im Grunde gar nicht so schwer ist.

Mehr Schlagfertigkeit durch felsenfestes Selbstbewusstsein

Das eigene Selbstbewusstsein spielt in vielerlei Hinsicht eine große Rolle. Gerade, wenn man eine schüchterne Person ist, sollte man an dieser Stelle ansetzen, um das Beste herauszuholen und auch dafür zu sorgen, dass man sich beispielsweise auch in fremden Situationen nicht mehr unsicher fühlt.

Der erste Schritt beginnt hierbei bei einem selbst. Nur, wenn Du erst mal mit Dir selbst und Deiner eigenen Persönlichkeit zufrieden bist, kannst Du auf ihr aufbauen und noch mehr daraus machen. Selbstverständlich werden Dir die folgenden Tipps und Tricks dabei weiterhelfen herauszufinden, was für Dich persönlich gut ist und was nicht. Viel wichtiger ist aber, dass Du erst mal weiter kommst und die ersten Schritte gehst.

Felsenfestes Selbstbewusstsein kann man nur dadurch aufbauen, indem man an sich arbeitet und sich selbst die Frage stellt, was man eigentlich in seinem Leben erreichen will. Das kann sich von Person zu Person selbstverständlich verändern. Daher ist die Suche nach dem Sinn des Lebens gar nicht so verkehrt. Wenn man wirklich eine genaue Vorstellung von dem hat, was man in seinem Leben erreichen will, hat man direkt eine selbstbewusstere Ausstrahlung auf andere.

Eine selbstbewusste und schlagfertige Ausstrahlung kommt nicht von irgendwo her. Man muss an seinem Inneren arbeiten, um wirklich voranzukommen und dann auch das zu schaffen, was man sich vorgestellt hat. Wenn Du selber mit Dir selbst, Deinem Leben und auch Deinen Gedanken im Reinen bist, wirst Du eine komplett andere Energie ausstrahlen, als wenn Du es nicht bist.

Genau deswegen ist es wichtig, immer bei sich selbst anzufangen. Das bedeutet nicht, dass man sein Äußeres außer Acht lassen muss. Auf keinen Fall! Wenn man wirklich mit sich selbst im Reinen ist, wird es für einen selbst eine Selbstverständlichkeit sein, sich auch um sein Äußeres zu kümmern. Du siehst also, dass alles Hand in Hand geht.

Schlusswort

Danke, dass Du das Buch bis zu dieser Stelle mitgelesen hast! Das bedeutet auf jeden Fall, dass Du das Potenzial hast, um mehr aus Dir herauszuholen und auch schlagfertiger auf neue Leute zuzugehen. Führe Dir immer wieder vor Augen, dass Du es Wert bist und es keinen Grund gibt, warum Du nicht so schlagfertig sein kannst, wie Du es Dir wünschst.

Wenn Du mit so einer selbstbewussten Einstellung durch den Tag gehst, wirst Du einen großen Schritt weiterkommen und auch automatisch dafür sorgen, dass Du viel einfacher und schneller das erreichen kannst, was Du Dir wirklich vorgenommen hast. Daher solltest Du auch nicht direkt aufgeben, wenn nicht alles direkt so läuft, wie Du es Dir vorgestellt hast. Du kannst in der Regel einen großen Schritt weiterkommen, wenn Du erst mal die ersten Schritte gegangen bist.

Du solltest Dir also auch nicht zu hohe, sondern am Anfang vor allem realistische Ziele, setzen. Wenn Du Dir Ziele setzt, die Du dann auch wirklich erreichen kannst, ist es viel wahrscheinlicher, dass Du Dir beim nächsten Mal auch einfach ein höheres Ziel setzen kannst.

Wenn Du Dich am Anfang noch nicht traust, vor fremden Menschen einfach schlagfertig zu reagieren, kannst Du auch mit Bekannten und vertrauten Freunden üben. Gerade, wenn Du Freunde des Vertrauens hast, werden sie Dir auf jeden Fall dabei weiterhelfen. Sich bei diesem Prozess Zeit zu lassen, ist vollkommen in Ordnung!

Man muss nicht direkt alles von Beginn können. Wenn Du das Gefühl hast, ein Kapitel nicht richtig verstanden zu haben, lass Dir einfach noch ein bisschen Zeit und lies es ein zweites Mal. Ich kann Dir garantieren, dass Dir das auf jeden Fall weiterhelfen wird. Mit diesen Worten möchte ich mich schon von Dir verabschieden und wünsche Dir viel Erfolg bei der Umsetzung!

www.ingramcontent.com/pod-product-compliance
Lightning Source LLC
Chambersburg PA
CBHW050024230526
45470CB00003B/1120